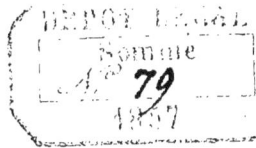

NOTICE HISTORIQUE

sur le

CHATEAU DE SUZANNE

EN SANTERRE (SOMME)

et sur la

MAISON ET MARQUISAT D'ESTOURMEL,

DE L'ANCIENNE PROVINCE DE PICARDIE,

PAR L'ABBÉ Paul DECAGNY,

Membre de la Société des Antiquaires de Picardie et
autres Sociétés Savantes.

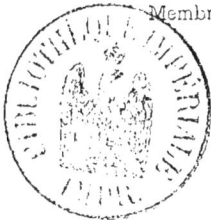

Curam habe de bono nomine.
Eccli. cap. 40 — v. 15.

PÉRONNE,
IMP. ET LITH. DE J. QUENTIN.
1857.

AVANT-PROPOS.

Au siècle dernier, on a spolié la noblesse de ses biens et de ses privilèges, justement acquis par des services signalés, par un courage héroïque et souvent même par un sang généreux répandu pour l'honneur et la défense de la patrie : on a cru vainement pouvoir la dépouiller en même temps de sa considération et de sa grandeur. Bientôt on fut contraint de reconnaître qu'une auréole imprescriptible de dignité et de gloire s'attachera toujours à ces grands noms dont l'histoire a consacré les hauts faits, dont elle perpétuera le souvenir.

Ce sentiment exerce encore un si puissant empire dans notre pays, qu'aujourd'hui même ceux qui n'ont d'autre mérite que celui de la fortune s'étudient, mais vainement, à se parer des titres et des dehors de la noblesse. « Car, dit » Le Carpentier, la pensée de la noblesse fut un puissant » aiguillon pour le bien et un fort obstacle pour nous retirer » du vice; pensée nécessaire aux nobles comme aux rotu- » riers : elle donna aux nobles la crainte de dégénérer; elle » portoit les roturiers à faire quelque chose de grand pour » se rendre dignes du caractère qui leur manquoit. Elle fit » que les uns tâchoient de commencer la noblesse de leur » race en leur personne, et que les autres avoient peur de » l'esteindre et de l'amortir en la leur. Si la pensée de la

» noblesse eut tant de pouvoir sur toutes sortes d'esprits
» pour les animer à la vertu, c'est que les premiers gen-
» tilshommes ne furent déclarés nobles qu'à cause de leurs
» vertueuses actions. Voilà la vraie source de la noblesse ;
» tellement que quand la noblesse négligea la vertu, ce fut
» une fille ingrate qui déshonoroit sa propre mère. »

Les réflexions qui précèdent suffiraient, ce semble, pour justifier la publication de cette notice, pour en déduire toute la moralité.

Mais la science elle-même lui refuserait-elle un bienveillant accueil, surtout à cette époque d'heureuse réaction vers les études archéologiques et historiques? Si l'on s'enthousiasme à la vue des chefs-d'œuvre architectoniques du moyen-âge, à la vue même de quelques antiquités gauloises ou romaines, arrachées aux entrailles de la terre, il est permis d'espérer un égal intérêt pour ces annales de l'une des plus anciennes et des plus illustres familles du nord de la France, qui a eu l'immortel Reimbold Creton pour fondateur et dont l'histoire se rattache si intimement à celle de plusieurs de nos provinces (1).

---

(1) Il a paru d'ailleurs convenable à l'auteur de publier cette notice relative à la famille la plus historique du pays, comme supplément à son Histoire de l'arrondissement de *Péronne*.

CHATEAU DE SUZANNE.

SUZANNE, ancienne habitation gauloise, est aujourd'hui un village assez pittoresque situé sur la rive droite de la Somme, entre Péronne et Amiens.

En 1636, dit D. de Vienne, la garnison espagnole de Bapaume réduisit en cendres le village de Suzanne, près de Bray. Il s'écoula plus d'un siècle avant que ce pays pût se relever d'un si grand désastre, et ce fut par le concours généreux de FRANÇOIS-LOUIS, MARQUIS D'ESTOURMEL. Ce seigneur fit percer la belle et large rue qui conduit au château; il releva de ses ruines la nouvelle et élégante église que le prince de Condé visita en 1788.

C'est vers les bords de la Somme, au bas même de la côte où s'élèvent, comme en amphithéâtre, les habitations et l'église de Suzanne, que fut reconstruit, en 1619 et 1678, le château actuel dont M. le MARQUIS LOUIS-HENRI D'ESTOURMEL entreprend aujourd'hui toute la restauration extérieure dans le style primitif de l'édifice. Cette ancienne construction avait remplacé elle-même un château-fort d'une époque plus reculée encore et dont on retrouve des vestiges dans la pièce d'eau qui s'étend au bas de la terrasse. Comme à Bray, à Cappy, au Hem, à Cléry et autres localités, à Suzanne aussi s'élevait autrefois une forteresse importante destinée à défendre le passage de la Somme en cet endroit (1). Auprès de

(1) Dans la pièce d'eau, où elle s'élevait, on a découvert, à différentes époques, des débris d'armes antiques; on y remarque encore les traces d'une chaussée qui la traversait obliquement dans toute son étendue: et en 1855, les travaux de la restauration actuelle ont mis au jour deux squelettes humains dépourvus de tombeau, à 2 mètres du mur méridional du château.

cette habitation féodale que défendaient ses murs, ses donjons et plus encore les eaux profondes qui l'environnaient de toutes parts, sont venues s'abriter les chaumières primitives qui ont été le berceau du village de Suzanne. Il avait déjà le titre de paroisse en 1089 ; puisque des titres authentiques constatent qu'à cette époque Radbod II, évêque de Noyon, concéda l'autel de Suzanne à l'abbaye de S. Éloi, de sa ville épiscopale.

D'ailleurs, les savants s'accordent pour attribuer une origine fort ancienne à toutes les habitations établies sur les bords des fleuves et des rivières. C'est auprès des cours d'eau, dans les marais peu accessibles et dans la profondeur des bois, que les Gaulois fixaient leur demeure de préférence.

Aussi rencontre-t-on dans la vallée de Somme, au-dessus et au-dessous de Suzanne, plusieurs localités fort intéressantes pour l'archéologue et l'historien. C'est Péronne, l'ancien Mont-des-Cygnes de S. Fursy, le château royal de Ste Radegonde et d'Archambault, la ville imprenable où les d'Estourmel ont figuré avec distinction.—C'est Cléry et son fort mémorable de *Nul-s'y-frotte*, élevé par les sires de Créqui.—C'est le Hem, dont l'antique forteresse, bâtie par les Longueval, aurait été le théâtre du fameux tournoi de Ham en 1268, d'après les recherches d'un savant archéologue (1).—C'est l'ancienne ville de Curlu avec son église curieuse, sa cloche du XIe siècle, et sur la colline, son antique chapelle de *Notre-Dame de Cuerlu*, que le roi Charles, dit Monstrelet, visita le 9 juillet 1414.—C'est la presqu'île de Frise dont on retrouve des titres certains dès 948 et où les célèbres abbayes d'Homblières et du Mont-Saint-Quentin possédaient des viviers importants. —C'est Éclusier où un auteur moderne prétend que le roi d'Angleterre passa la Somme avant la funeste bataille d'Azincourt, et plus loin,

(1) M. Peigné De Lacour, d'Ours-Camp.

l'habitation isolée de Vaux qui, d'après la légende tradition-
nelle, fut une solitude de prédilection pour S. Vaast.—C'est
Cappy, *Caput loci*, antique forteresse dont la terre fut donnée
à l'abbaye de S. Corneille, de Compiègne, par une charte de
Charles-le-Chauve, en date de 877, et qui devint, au XVIIe
siècle, une baronnie du marquisat d'Estourmel; et à peu de
distance, vers Dompierre, le fameux arbre qui rappelle le
lieu où se trouvait autrefois le bourg de Canny.—C'est enfin
Bray, l'*oppidum* gaulois qui pourrait, avec assez de fonde-
ment, contester à Amiens le titre de *Samarobriva*, etc...

La célébrité et la puissance de ses anciens seigneurs se-
raient encore de nature à confirmer l'importance du château
de Suzanne, aux siècles de la féodalité. Il est permis d'en
juger par le seul qui nous soit connu d'une manière bien
authentique. C'est ainsi qu'en parle Montfaucon dans *ses
Monuments de la Monarchie Française* (1).

« Robert Fauvius de Suzanne vient après. C'étoit un Roi
» d'armes dont l'office étoit de commander aux Hérauts, de
» présider à leurs assemblées, de marcher lui-même pour
» les affaires importantes; ce qui est exprimé par ce vers de
» son épitaphe :

» *Partout fu monstrer ses escus.*

» C'étoit autrefois une charge considérable occupée par
» des gens de qualité. La maison de Suzanne étoit une des
» plus anciennes de Picardie. Sa tombe, qui est dans une
» chapelle de l'abbaye du Mont-S.t-Quentin, est d'une pierre
» noire. Robert de Suzanne, mort l'an 1260, y est gravé
» dessus en habit militaire tel qu'il le portoit dans l'exercice
» de sa charge. Il est maillé depuis la tête jusqu'à la plante
» des pieds. Ces mailles que nous avons souvent vues rabat-
» tues sur les épaules des princes en forme de chaperon,
» couvrent ici sa tête comme un casque. Il porte à l'ordi-

(1) Tom. II, pag. 163-164.

» naire une tunique sans manches qui couvre une partie des
» mailles. Son éscu est chargé de trois chevrons doublés :
» c'étoient ses armes. Outre celui-ci on voit auprès de lui
» six autres dont deux sont sans blason. Je ne sais, ajoute
» Montfaucon, ce que signifient les deux pièces en carré
» long qui couvrent ses deux épaules.

» *Voici son épitaphe :*

» † Chi gist de Suzane Fauviaus,

» Rois darmes, fors, preus et loiaus,

» Plaius de meurs de chevalerie,

» Espérance de sa lignie.

» Vainquierres fu, et nient vaincus,

» Par tout fu monstrer ses escus.

» Robers fu appelés par non,

» Si vrais Dix li face pardon :

» M et CC et LX ans

» Mourut dont mains hons fu dolans. »

« *Dessus la tête de Robert de Suzanne on lit encore cette*
» *inscription :*

» † Vous qui passes dans me lame .

» Proies Diu quait merchi de m'ame. »

Le dessin de ce tombeau, d'un travail distingué, forme
la XIX.ᵉ planche de l'ouvrage de Montfaucon. Robert-Fauvel
de Suzanne avait sans doute obtenu sa sépulture dans l'abbaye des moines nobles du Mont-S.ᵗ-Quentin, près Péronne,
à cause de ses pieuses largesses en faveur de cette maison.

Dans le célèbre tournoi de Ham, en 1268, se trouve cité
FAUVIAUS DE SUZANNE, sous le même titre de Roi d'armes.
D'après l'épitaphe qui précède, ce serait probablement son
fils qui lui aurait succédé dans cette honorable dignité.

A dater de cette époque, l'histoire ne fait plus mention
des seigneurs du nom de Suzanne-en-Santerre. Cette souche
primitive se sera éteinte, ou bien encore elle se sera trans-

plantée dans le Laonnois, le Vermandois et aux environs de Rhetel où sont situés les autres domaines de la même dénomination. Car on trouve cités dans les mémoires de ces anciennes provinces :

1.º Robert de Suzanne qui, en 1336, fonde dans son hôtel, rue de Suzanne, à S.ᵗ-Quentin, un hôpital pour les femmes et les filles vieilles, pauvres et infirmes;

2.º Un autre Robert de Suzanne, Seigneur de Montjeu, vivant en 1426 avec Marguerite de Sorbon, sa femme;

3.º Jean, comte de Suzanne, baron de Viège et de Cerny, gouverneur du château de Milan pour Louis XII et marié à Isabeau, baronne de Barbançon ;

4.º Enfin Jean, comte de Suzanne et Cerny dont la seule héritière, Catherine de Suzanne, comtesse de Cerny en Laonnois, épousa en 1576 Charles, baron de Moï, gouverneur de S.ᵗ-Quentin.

C'est dans les commencements du siècle suivant, en 1625, que l'ancien domaine de Suzanne-en-Santerre entra dans la maison d'Estourmel, par le mariage de *Louis 1.ᵉʳ d'Estourmel*, chevalier, baron de Cappy avec *Louise de Valpergue* qui, par sa mère, paraît descendre des Suzanne-Cerny dont il vient d'être parlé (1). Son père, *Georges de Valpergue*, venait (1619) de faire reconstruire le château auquel, depuis, furent ajoutés les avant-corps et la galerie qui s'étend sur le côté gauche de la cour.

La simplicité de ce dernier édifice ne saurait diminuer en rien l'intérêt qu'il offre, à l'intérieur, surtout pour la famille d'Estourmel : car on y admire une des plus belles collections de portraits de famille, comme aussi le superbe tombeau de Gilles d'Estourmel, au milieu d'une foule d'objets curieux et

---

(1) Ce qui donnerait beaucoup d'autorité à cette supposition, c'est que dans les *Mémoires sur la vie de Jacques-Auguste de Thou*, in-4º 1711, on lit : « qu'aux fiançailles de cet illustre historien, qui, en 1587, épousa » Marie de Barbançon des Cerny, furent témoins deux personnages de la » famille d'Estourmel, oncles de la fiancée. »

antiques recueillis par M. le comte Joseph d'Estourmel dans ses fréquents et lointains voyages. Cette galerie est un véritable musée que bien des villes pourraient envier à ce village isolé.

Le château lui-même, dont les proportions et les dépendances sont assez considérables, ne manquera ni d'élégance ni de dignité, lorsqu'une restauration intelligente en aura renouvelé toutes les parties extérieures dans le style primitif; lorsque des percées et des ornementations convenables en auront embelli les abords; lorsqu'une inspiration chrétienne et chevaleresque y aura disposé un autel digne de la vraie croix par laquelle Godefroi de Bouillon récompensa le courage héroïque de Reimbold-Creton d'Estourmel.

Au milieu de cette vallée verdoyante et ombragée de la Somme, cette habitation deviendra encore une oasis pleine de charmes et de précieux souvenirs.

MAISON ET MARQUISAT D'ESTOURMEL.

Cette illustre maison, ancienne bannière du Comté de Cambrésis, tire son origine immémoriale du domaine et depuis marquisat d'Estourmel situé à peu de distance de la ville de Cambrai. Les deux fiefs qui composaient autrefois cette seigneurie relevaient de Crévecœur et de Wallaincourt. « Depuis l'an 1024, dit le Carpentier, la terre d'Estourmel » fut possédée par des seigneurs surnommés Creton, en » mémoire d'un Creton, seigneur de ce lieu, sous l'évêque » de Cambrai, Gérard, Ier du nom. »

« Cette très illustre maison, ajoute De Varennes, en son » *Roy d'armes*, page 392, est depuis longtemps habituée » en Picardie estant néanmoins originaire du Cambresis, » où de toute connoissance elle a possédé la terre d'Esturmel » située près de Cambrai. Le surnom ancien était Creton; » toutefois depuis l'an 1300 jusqu'à l'an 1500 les seigneurs » de cette maison ont pris indifféremment le surnom de Creton » dit d'Estourmel et quelquefois simplement celui d'Es-» tourmel. Mais depuis l'an 1500 jusque à présent ils ont » négligé celui de Creton et ont simplement retenu celui » d'Estourmel... &... »

L'expression germanique *Sturm*, *Estourmie*, combat, per-mettrait de supposer qu'une bataille livrée en cet endroit lui aurait consacré le nom de *Strumella*, Estourmel, qu'il a porté depuis avec les variantes de Sturmel, Strumel, Estru-mey, Estrumiel, Estouremelles, Estournel, Stroumel, et même de Tramelles, de Haumelles et de Trumelles, etc., sous lesquelles les différents historiens et chroniqueurs ont parlé des seigneurs de cette maison.

La bannière primitive d'Estourmel était de soie blanche représentant un estourneau ricamaté de soies de diverses couleurs, au naturel, et s'attachant à une trabe de gueules virolée et armée d'acier doré. Mais depuis le haut fait d'armes qui a immortalisé Reimbold Creton, lors de la prise de Jérusalem, les armes des d'Estourmel ont toujours été : de gueules, à la croix crételée d'argent, l'écu couvert d'un casque d'argent damasquiné et grillé d'or, taré de front, surmonté d'une couronne de marquis.—Supports, ou gardes : deux levrettes au naturel, colletées chacune d'une dépouille d'hermine liée d'un ruban de gueules et armées de la bannière d'Estourmel. — *Cimier* : un cygne posé de fasce, éployé, colleté d'un collier d'or auquel est adhérent le liston de la devise, *Vaillant sur la crête*, et aussi, *Haut la Creste.* — *Cri de guerre* : Créton et Estourmel !

Cette ancienne maison, dont la noblesse fut, pour ainsi dire, ratifiée et au siège d'Antioche et à la conquête de Jérusalem, s'est élevée depuis à un haut degré de gloire et de prospérité. Comme on peut en voir la preuve et l'énumération aux notes qui terminent cette notice (nos 1 et 2) 87 fiefs différents, et plusieurs d'une grande importance, lui ont appartenu tant en France que dans les Pays-Bas; elle s'est alliée à 94 familles des plus honorables de ces deux royaumes; et l'on compte dans son sein un grand nombre de hauts personnages qui se sont distingués par leurs services, leur dévouement et leurs mérites dans les charges, dignités etc., des différents ordres de l'État. (1)

---

(1) Pour ne point multiplier inutilement les preuves et citations, il suffira d'exprimer que la notice qui suit n'a rien d'arbitraire, ou d'apocryphe : elle est exclusivement fondée sur le témoignage 1.° des historiens anciens et modernes, tels que Albert d'Aix, Guillaume de Tyr, Ordéric-Vital, Sélibien des Avaux, Aubert Lemire, Belleforest, du Tillet, Le Carpentier, La Morlière, du Bellay, Anselme, Paulin-Paris, etc. 2.° Des manuscrits et titres des Comtés du Brabant et du Cambrésis, du Trésors des Chartes et autres monuments authentiques des Archives de la maison d'Estourmel.

A la tête de cette noble galerie historique apparaît la belle et héroïque figure de REIMBOLD CRETON, l'immortel chevalier de la 1.re croisade.

Montval, dans ses remarques, cite bien, vers l'an 1060, HUGUES, chevalier, comme le premier seigneur connu de la terre d'Estourmel; mais Reimbold Creton est sans contredit le glorieux et véritable fondateur de sa maison (1).

Déjà, dès l'an 1086, Gélic, dans sa chronique de Cambrai, mentionne Reimbold Creton, sire d'Estourmel, entre les principaux seigneurs du Cambrésis.

Le Carpentier, dans les preuves de son Histoire de Cambrai, produit deux chartes, l'une de 1040 et l'autre de 1092, où se trouve rappelé *Rimbaldus Creton*, *dictus à Strumellâ*. Il nous apprend encore : 1.º qu'en 1090 il accompagna, comme avoué et protecteur de son église, l'évêque de Cambrai qui allait se plaindre au comte de Flandre de son châtelain; 2.º qu'il fut aussi présent lors de la confirmation donnée par Anselme, châtelain de Valenciennes, à la donation d'Iwi en faveur de l'abbaye d'Anchin; 3.º enfin qu'il assista, en 1096, au fameux tournoi d'Anchin où il se croisa pour la terre sainte avec les autres chevaliers d'Artois.

REIMBOLD CRETON n'eut garde de manquer à cet engagement. Sa vive piété, son ardeur guerrière, ses sentiments chevaleresques l'entraînaient vers les Lieux-Saints où il devait trouver une occasion solennelle de signaler sa foi et son courage. Il marcha sous les ordres de Godefroi de Bouillon et se distingua entre tous les autres chevaliers dans le cours de la première croisade.

Rien d'intéressant comme le célèbre épisode qui le con-

---

(1) Un tableau généalogique de la Maison d'Estourmel a été placé après les *Notes*, pour l'intelligence et le complément de cette Notice biographique et historique.

cerne et dont on trouve le récit dans l'un des romans des douze pairs de France, intitulé : *La Chanson d'Antioche* (1).

Après l'avoir cité plusieurs fois, 2.e chant, vers 386,

« Des millors qui la sont vous sai dire le nom....

» Et ses frères Gugiers et dans Raimbaus Creton. »

Et plus loin, vers 822,

« Et Ustaces ses frères o dans Raimbaut Creton. »

Et aussi à Civetot, comme au siège de Nice, le poète Graindor rapporte au long le fait héroïque de cet épisode qui le couvrit de gloire aux yeux des croisés.

Les Chrétiens venaient de livrer la fameuse bataille du Pont d'Antioche où Reimbold avait signalé sa bravoure à côté de Godefroi de Bouillon et d'Enguerrand (2) de S.t-Pol : ils mettaient tous leurs soins à ne laisser échapper aucun des Sarrasins qui fuyaient à la nage dans les eaux du fleuve Ferne, ou Oronte, qui baigne les murailles de la ville. De ces fuyards, plus de 200 (et 500 d'après une autre version) s'étaient réfugiés sans armes dans une espèce de retranchement qu'ils avaient sous les arches du pont. Les Français les voyent avec dépit échapper de la sorte à leur poursuite. Boëmond stimule en vain l'ardeur des chevaliers qui l'environnent ; mais aucun n'ose affronter le danger de traverser un fleuve rapide et profond, sous une grêle de traits qui l'assailliront du haut des remparts.

Le célèbre Reimbold Creton, chevalier de petite taille, mais d'une grande force et d'un courage indomptable, ne peut supporter la honte des reproches de Boëmond. En un

---

(1) Elle fut composée au XIIe siècle, en vers de douze syllabes divisés en couplets monorimes par le pèlerin *Richard* ; renouvelée sous le règne de Philippe-Auguste par Graindor, de Douai, et publiée pour la première fois en 1848 par M. *Paulin-Paris*. De tous les récits anciens relatifs à la première croisade, dit cet auteur dans son introduction, p. LV, où il mentionne avec complaisance Reimbold Creton sous le titre *de bon chevalier picard*, la chanson d'Antioche est le seul qui soit revêtu du caractère parfaitement historique par les souvenirs d'un témoin oculaire.

(2) Enguerrans de S.t-Pol et dans Raimbaus Cretons, p. 258.

clin-d'œil, il a sauté en bas de son coursier; il se débarrasse de son heaume, ne conserve que son haubert, sa lance et son épée, et se jette à la nage dans l'Oronte. Il traverse le fleuve avec intrépidité et gagne le pont du côté droit opposé à celui où les Turcs se reposaient pleins de sécurité sous leur afeutrement. Il gravit sans crainte leurs retranchements, les attaque à l'improviste, les effraie par sa hardiesse et seul, de sa lance qui est bientôt brisée, puis ensuite de son épée, il en massacre la moitié, tandis que les autres n'échappent à ses coups que pour aller périr dans les eaux.

Cependant les cris des mourants avaient attiré l'attention des assiégés : du haut des murs d'Antioche ils aperçoivent Reimbold qui retournait à la nage vers les siens, et font pleuvoir sur lui une grêle de traits. Son haubert en est brisé; il a déjà reçu plus de quinze blessures d'où son sang coule en abondance. Notre héros commence à perdre ses forces, sous les nouveaux traits qui l'accablent; son épuisement l'oblige de ralentir sa course, malgré les acclamations de vingt mille croisés qui l'encouragent de la rive opposée d'où l'évêque du Puy lui donne sa bénédiction solennelle : enfin il succombe et il est entraîné au fond du fleuve. Ce fut alors un cri d'effroi général du côté des Français qui invoquèrent hautement en sa faveur et le Saint Sépulcre et le secours du Ciel.

(1) Mais tout-à-coup Reimbold Creton se trouve miraculeusement débarrassé des armes pesantes qui le retenaient au fond de l'Oronte et reparaît au-dessus de l'eau.

---

(1) La légende de S. Raimbault rapporte que ce saint pontife est principalement invoqué dans le péril d'être submergé, et que tous ceux qui le prient avec confiance, ou qui portent son nom, ne sauraient périr dans les eaux. S. Rumwol, et par corruption, Reimbold, Raimbault, Rombaud, Rumold, *Rimbaldus*, dont la vie a été écrite par Wilson, était évêque régionnaire à Dublin, en Ecosse, vers l'an 750. Sa fête se célèbre au 1.er juillet, et ses reliques reposent dans la belle église, dite de S. Rombaud, à Malines.

Un grand nombre d'écuyers volent aussitôt à son secours, le ramènent sur le rivage et de là dans la tente même de Godefroi de Bouillon où, par les soins d'habiles médecins, il ne tarde pas à obtenir la guérison de ses blessures et à se trouver en état de marcher à de nouveaux exploits (1).

Dans la suite de la croisade en effet, Reimbold ne démentit point la haute idée qu'il avait fait concevoir de son courage. Non-seulement *il fu à Jhursalem quant il fu conquestée*, comme nous l'assure la chanson d'Antioche ; mais encore il s'y distingua entre tous les autres chevaliers. Les historiens sont unanimes à faire son éloge lors de la conquête de cette ville, le 15 juillet 1099, à l'heure de None. Ils nous représentent cet héroïque soldat de la croix comme le premier qui monta à l'assaut, s'établit sur la crête des murailles, repoussa l'ennemi avec intrépidité et pénétra dans la ville sainte.

« Le sire d'Estourmel, dit Sélibien des Avaux, monta le » premier à l'assaut et se logea sur la crête du mur : dès » lors il prit pour cri de guerre : *Estournel* ; et pour devise : » *Vaillant sur la crête.* »

« *Reimboldus Creton, Strenuissimus miles*, dit également Orderic Vital, *qui primus in oppugnatione Jerusalem ingressus* » *est.* » (2)

Dans un manuscrit des religieux de S.ᵗ-François de Jérusalem, où se trouve la description de la prise de cette ville, on mentionne après les principaux chefs de la croisade, Reimbold du Cambrésis à la bannière de soie blanche, qui pénétra le premier dans son enceinte.

Il existe encore dans la maison d'Estourmel un monument précieux et authentique de l'héroïsme déployé par Reimbold à l'époque de cette glorieuse conquête. Lorsqu'il eut été

---

(1) On peut lire, à la Note 3.ᵉ, les 112 vers dont se compose le texte de ce touchant récit qui fait tant d'honneur au héros fondateur de la maison d'Estourmel.
(2) Histor. Eccl. lib. XI. p. 836.

proclamé Roi de Jérusalem, Godefroi de Bouillon, pour reconnaître et immortaliser la valeur avec laquelle il l'avait vu affronter sans crainte les traits de l'ennemi et monter le premier sur la crète du mur de la ville, lui fit présent d'un éclat de la vraie Croix enchassé dans un reliquaire d'argent crételé (1). Cette sainte relique, glorieux titre de noblesse, fut toujours conservée précieusement par les aînés de la famille à qui elle était substituée, en vertu du testament de Jean III d'Estourmel, en 1557. « Leurs ancêtres, dit
» La Morlière, estimèrent ne se pouvoir blasonner de plus
» dignes armes, que de la figure de cette Croix, tant pour
» le mérite du don, que du Roi qui la donnoit et de la cause
» pour laquelle elle fut donnée. »

Reimbold Creton, comme les autres croisés, contempla avec transport et vénéra avec piété tous les lieux sanctifiés par la présence et par la mort du Dieu Sauveur. Mais il ne voulut pas s'en éloigner tant que son épée pouvait encore servir à les défendre et à les protéger. Albert d'Aix et Guillaume de Tyr nous rapportent que Godefroi de Bouillon l'employa avec succès dans le cours de la guerre qu'il eut à soutenir contre les Sarrasins, et qu'il lui confia principalement la défense d'un retranchement qu'il fit élever à Antioche.

Le noble chevalier se montra digne de la confiance du Roi de Jérusalem, et ce ne fut qu'après l'avoir solidement établi sur son trône, qu'il put se déterminer enfin à reprendre le chemin de sa patrie.

Il revint en Cambrésis, dans son château d'Estourmel, vers l'an 1100. Il y passa une année à peine à se reposer des fatigues et des souffrances de la Croisade. Son ardeur guerrière et chevaleresque le faisait soupirer sans cesse vers de nou-

(1) Cette précieuse relique, qui est aujourd'hui en la possession de **M.** le marquis d'Estourmel, est renfermée, sans vide, dans un reliquaire formé de cristal de roche : elle porte 10 centimètres de haut sur 2 centim. d'épaisseur et presqu'autant de fasce.

velles aventures et de nouveaux exploits. Il trouva bientôt
l'occasion de suivre l'élan de son inclination belliqueuse.

Il apprend, en 1101, que Louis, régent du royaume de
France, en l'absence du roi Philippe, son père, se dispose à
mettre le siège devant le château de Montmorency pour
venger Adam, abbé de S.ᵗ Denis, des incursions que Mathieu,
comte de Beaumont, et Bouchard de Montmorency faisaient
sans cesse sur les terres de l'abbaye. Il va sans retard offrir
ses services à Louis-le-Gros ; comme à Jérusalem il étonne
les assiégés par sa hardiesse et son courage ; mais enfin, dit
Orderic Vital, ce valeureux chevalier succomba sous le nombre
et trouva une mort glorieuse dans les rangs ennemis où
l'avait emporté son ardeur. « Les larmes et les regrets de
» l'armée, d'après le témoignage de La Morlière, furent le
» plus bel éloge de ce premier et vaillant estoc de la maison
» d'Estourmel. »

REIMBOLD CRETON eut deux fils, VAULTIER et JEAN CRETON qui n'est guère connu que pour avoir souscrit, avec les principaux seigneurs du Hainaut, la charte par laquelle Baudouin, surnommé l'Édifieur, fonda l'abbaye de Vicogne, ordre de Prémontré, près Valenciennes, en 1143. HUGUES, troisième fils de Jean-Creton Ier, forma une branche collatérale dite de CRETON-REVELON. Elle ne dura que trois générations, et elle est rappelée, comme il suit, dans Le Carpentier, T. 11, P. 452.

« Revelon est une seigneurie située en la ville de Creve-
» cœur qui a jadis servi d'apanage à un puîné de cette illustre
» maison, comme nous avons montré cy-devant. Hugues
» Creton étoit seigneur de Revelon dès l'an 1161. Gautier,
» l'an 1229. Alix de Revelon, sa petite-fille et Dame de
» Revelon, avoit épousé avant l'an 1283 Anselme de Héron,
» chevalier, d'où sortit une belle postérité.... »

Creton-Revelon portait d'azur, au sautoir d'or, accompagné de quatre étoiles de même.

On trouve aussi dans les archives de la maison de Caulaincourt (Vicence), qui, dans la suite, s'est alliée deux fois à celle d'Estourmel, la charte intéressante et authentique ci-dessous, que souscrivit Étienne, l'un des trois petits-fils de Reimbold.

Au dos de l'acte, sur parchemin, scellé du sceau en cire des armes de Caulaincourt, on lit :

Charte de Baudouin de Caulaincourt.

Au nom de la Sainte et indivisible Trinité.

Les dons faits à l'Éternel doivent rester fermes et

De Balduino de Colencuriâ.

In nomine Sancte et individue Trinitatis.

Que donantur eterno principi rata debent et firma

stables, il n'est point permis à nos descendants de les révoquer. Sachent donc tous, présents et à venir, que moi Baudouin, seigneur de Caulaincourt, du consentement d'Alix, ma femme, et de mes enfants, pour le repos de mon âme, et aussi pour les âmes de mes prédécesseurs et de mes successeurs, je concède à perpétuité à l'église de Sainte-Marie de Vauclair la remise du droit de charroi qui m'appartient pour six voitures allant et venant, une fois chaque année, chargées des choses destinées aux besoins de cette maison. J'approuve aussi la vente que Raoul, chevalier de Caulaincourt, mon père, a faite à ladite église de tous les biens qu'il possédait à Avals (Vaux). Les témoins de cette cession furent : Hugues, comte de Roucy ; Hugues, chevalier de La Fère, et Ado, chevalier de Belru. Mais pour que cette présente donation et aumône demeure ratifiée et inviolable, je l'ai fait confirmer par l'apposition de mon sceau et par la souscription des témoins.

vivere, nequet licet à posteris infirmari. Notum igitur sit presentibus et futuris, quod ego Balduinus, Colencurie Dominus, assensu uxoris mee, Aelidis et liberorum meorum, pro remedio anime mee, pro animabus quoque antecessorum et successorum meorum, remitto ecclesie Beate Marie de Valleclara, Guionagium sex Karrorum, in perpetuum, quod meum proprium est, quolibet anno una vice eundo et redeundo quidquid Karri predicti ducant ad usus predicte domus. Laudo etiam venditionem quam Radulfus, miles de Colencurt, pater meus, predicte ecclesie fecit de omnibus que habebat apud Avals. Cujus venditionis testes fuerunt : Hugo, comes de Ruceio ; Hugo, miles de La Fère, et Ado, miles de Belru. Ut autem hec presens mea donatio et elemosina rata et inconcussa permaneat, Sigilli mei impressione et testium Subscriptione feci communiri.

Sont témoins : Étienne d'Estourmel ; Gautier Burelle ; Raoul Danvin et Robard d'Agneus.

Sunt testes Stephanus de Sturmel, Galterus Burellus, Radulphus Danvin et Robardus de Agneus.

Fait l'an de l'Incarnation de Notre-Seigneur, onze cent cinquante.

Actum anno Incarnationis Dominice M.º C.º L.

Délivré pour copie conforme par A. Borel d'Hauterive, archiviste-Paléographe, à Paris, le 4 février 1850.

———————

De Godon Iᵉʳ d'Estourmel, autre petit-fils de Reimbold Creton, sont issus :

1.º Godon II, chef d'une branche cadette d'Estourmel qui n'offre rien de remarquable et qui s'éteignit, après 1286, avec Baudouin d'Estourmel, chevalier, surnommé *Carlier*. Alors la 3.ᵉ partie du domaine d'Estourmel retourna à la branche aînée qui en possédait le reste. Cette branche cadette n'a jamais pris le nom de Creton ; elle a toujours conservé les anciennes armes de la famille.

Et 2.º GILLES CRETON dont Rosel, entre ses épitaphes, rapporte celle-ci qui le concerne :

« Hic quiescit Miles D.ᵘˢ bello fortis
» Ægidius Kretons dictus de Strumella,
» More, Vitâ, columbella ;
» Fax in terrâ, coelo stella.
» Obit M CC XXXIII. »

Cette épitaphe nous révèle le courage belliqueux de Gilles, l'arrière-petit-fils de Reimbold, qu'il aura sans doute imité en se signalant dans les Croisades. Elle fut assurément inspirée par la reconnaissance des religieux de Vauchelles, près Estourmel, auxquels, dit La Morlière, les seigneurs de ce nom, avaient accordé de grands biens : ajoutant que Gilles en particulier, du consentement de sa femme, avait fait don à l'abbaye de Vauchelles de onze muids de terre à prendre sur la seigneurie de Béthencourt.

JEAN CRETON, fils de Gilles, se montra digne du nom de son trisaïeul qu'il portait. Dès l'an 1204, il paraît au nombre des puissants seigneurs qui accompagnaient Baudouin, comte de Flandre et de Hainaut, lorsqu'il se disposait à partir pour la Terre Sainte avec Thibaut, comte de Champagne.

Baudouin, avant son départ, voulant faire du bien aux églises de ses États, reconnut au milieu de l'assemblée réunie au camp de Valenciennes, avoir donné plusieurs métairies à neuf monastères différents.

La charte est signée par cet illustre prince, par Marie, son épouse, et par cent soixante des Chevaliers et Seigneurs les plus distingués de ses États, au nombre desquels se trouve Jean Creton. Ce dernier ne manqua point de se rendre à la 5.ᵉ croisade de 1198 à 1220 où paraît aussi son frère SIMON-CRETON, chevalier du Cambrésis. Mais il aura sans doute trouvé une mort glorieuse dans cette sainte expédition, car il n'en est plus fait mention dans la suite, où l'on cite son fils Mathieu Creton, comme seigneur d'Estourmel et de Vendville que lui apporta en dot Avicie, fille d'Adam dont le frère, Robert de Vendville, était aussi au nombre des chevaliers de la 5.ᵉ croisade.

MATHIEU CRETON se distingua principalement par sa bienfaisance envers les Abbayes, ou par son concours aux donations qui leur étaient faites.

Ainsi, entr'autres, on ne saurait omettre la charte intéressante qui suit et où il paraît comme témoin avec Gautier d'Honnecourt, Jean de Fonsomme et sire Jean d'Itre.

Dans cette charte du mois d'avril de l'an de grâce 1239, Mathieu, chevalier, seigneur de Beauvoir, « confirme le don » que feu Baudouin, son père, a fait à Notre-Dame du Mont-» Saint-Martin de son écrin d'ivoire et d'un petit vase d'or » dans lequel sont renfermées plusieurs reliques précieuses » et de dix muids de terres, mesure du Vermandois........

» le tout pour être possédé à perpétuité, à titre d'aumône
» libre ; ne s'en réservant ledit Seigneur, Mathieu de Beau-
» voir, ni droit de seigneurie, servitude de coutume sécu-
» lière, d'imposition, ni terrage, ni décime, que ledit
» seigneur, avec Jacques et Adam, ses frères, a fait offrande
» de cette aumône sur l'autel de ladite église, en présence
» de &.... »

C'est encore à Mathieu Creton que fut confiée l'exécution
du testament de l'an de grâce 1242, par lequel Jehan, chevalier, seigneur de Wallaincourt, avait légué mille livres
parisis pour acheter et distribuer aux pauvres 200 tuniques
et 200 paires de chaussures.

Mathieu lui-même, par une charte de 1256 qu'approuve
son fils Baudouin, « cède, remet et accorde, en vue de
» Dieu et à perpétuité, à l'église de Premy de Cambrai, à
» titre d'aumône pure et perpétuelle, tout le terrage du
» territoire de Honnechies et en outre 12 mencaudées de
» terres dans le territoire d'Estourmel, excepté toutefois la
» justice dudit lieu. »

C'est sous cette seule réserve qu'il approuvait avec un pieux
empressement toutes les donations faites aux églises des pa-
roisses relevant de sa seigneurie. Il eut huit enfants qui
n'offrent rien de remarquable. Mais sous WAULTIER CRETON,
son petit-fils (IX dégré) on trouve une ordonnance intéressante qui révèle l'heureuse influence que l'exemple de Saint-
Louis exerçait sur les seigneurs de son temps. « Cette
» ordonnance portant établissement de police à perpétuité,
» fut faite et donnée par ledit noble seigneur pour sa ville,
» sirerie, domaines et dépendances d'Estourmel, pour
» l'observation des lois divines et humaines, le bon ordre et
» la bonne conduite entre les habitants et citoyens ; la taxe
» des denrées et marchandises, &., &.

Cette ordonnance, contenant 46 articles, fut rédigée de
l'avis de ses hommes de lois, des maire et échevins de ladite
ville et en présence de noble seigneur Baudouin Creton II,

son fils aîné, et de Jean d'Estourmel, chevalier de Vendville, son 2.ᵉ fils, l'an de l'Incarnation de J.-C. 1280, au mois d'août, scellé de son scel.

En 1287, Waultier approuve une vente faite sur la seigneurie d'Estourmel, où l'on trouve la place dite le Fourbans (*four bannal*), moyennant le cens annuel d'une paire de gants de 4 deniers parisis, et sauf la seigneurie et la justice.

---

(1) Branche collatérale des d'ESTOURMEL-VENDVILLE.

Dès l'an 1307, JEHAN, 2.ᵉ fils de Waultier, (X.ᵉ degré,) s'était séparé de la ligne directe pour former la branche collatérale des Vendville dont son bisaïeul, Mathieu, avait obtenu la seigneurie par son mariage avec Avicie, héritière de ce domaine. Cette branche qui se conserva avec assez d'illustration jusque vers le milieu du XVII.ᵉ siècle, porta pour armes comme la branche aînée, en y ajoutant au franc canton de sable, à 3 lions rampants d'or armés et lampassés de gueules, posés 2 et 1, qui est de Vendville.

Jehan d'Estourmel-Vendville paraît en 1313 aux différents actes de réparation qui sont faits à leur Evêque par les habitants de Cambrai. C'est lui encore qui retint en ses prisons et amena prisonnier devers le roi de France Baudouin de Touttencourt et reçut, à cet effet, 24 livres parisis d'indemnité des Bailly et receveur d'Amiens.

Jehan d'Estourmel-Vendville vivait de 1307 à 1338. Son frère puîné, JEAN CRETON, se signala entre les chevaliers du Hainaut qui accompagnèrent Jean du Hainaut dans l'expédition que ce prince entreprit, vers 1325, pour replacer Isabelle de France sur le trône d'Angleterre. Les mauvais traitements d'Edouard II, son époux, l'auraient obligée,

---

(1) Vendville. Vendeville, Wendeville, et maintenant Vendhuile est un village fort ancien situé à mi-chemin de Cambrai à Saint-Quentin, près l'issue du canal souterrain quit joint l'Escaut à la Somme.

d'après Froissard, à se réfugier sur le continent avec son jeune fils qui nous fut depuis si fatal, sous le nom d'Edouard III. Cependant, pour ne point mentir à la vérité historique, il faut reconnaître qu'Isabelle avait bien des torts envers son mari. Aussi fut-elle repoussée par son frère, le roi de France, et se vit-elle obligée de recourir au comte du Hainaut qui fut bien récompensé de son expédition par le mariage de l'une de ses filles avec Edouard III, roi d'Angleterre. On peut lire dans Froissard l'intéressant récit de ce drame chevaleresque où paraît avec distinction le sire d'Esturmel, à l'exemple de Reimbold dans les premiers exploits de la chevalerie aux croisades.

WAULTIER D'ESTOURMEL - VENDVILLE, fils de Jehan, marié à Jehanne de Sailly en 1355, (XI degré) est qualifié Ecuyer du Baillage de Vermandois, accompagné de 2 écuyers, compris dans le rolle des écuyers de la bataille des maréchaux de France, à Bouvines, reçu à Amiens le 3 novembre 1355. Froissard le cite, comme il suit, à l'occasion de l'assaut donné au château d'Honnecourt par Jean de Hainaut, en l'an 1339.

« Or gisoit le roi Englès au Mont-Saint-Martin. Mais messire
» Jehan de Haynnau, messire Henri de Flandres, le sire de
» Franquemont, messire Waultier de Maugny, &.. à cinq
» cents lances de leur routte, coururent tout le pays en-
» viron et s'en vinrent devant le chastel de Honcourt; et là
» eut ung très grant et fort assaut qui dura près ung jour.
» Là étaient le sire de Honcourt, le sire d'Alaincourt, le
» sire de Wallaincourt, le sire d'Estrumel, qui trop vail-
» lamment se deffendirent, et il leur fut bien mestier, car
» ils furent si près coitié qu'ils perdirent leur baille, et
» rampoient aux portes et aux murs. Là gent trait et
» lanchiet durement, et moult de mors et de navres...... »

Il manquait à la maison d'Estourmel une célébrité littéraire. Cette lacune vient d'être comblée par la découverte du poëme de JEHAN CRETON sur la déposition de Richard II, roi d'Angleterre. Ce chevalier-troubadour, second fils de Waultier, portait le nom de Jehan Creton, quoique de la branche des Vendville, et s'était attaché à la fortune de Richard, à l'exemple de son grand-oncle qui avait soutenu si vaillamment le parti de la reine Isabelle.

Ce poëme de Jehan Creton a été publié par la Société archéologique de Londres, et M. Jonh Webb l'a accompagné d'une traduction et de notes. En France, il a été également publié par M. Buchon, d'après le texte du manuscrit de la bibliothèque du Roi. M. Webb rappelle que cette chronique fut composée par un gentilhomme français de marque qui se trouvait à la suite de Richard avec la permission du roi de France. Il portait le prénom de Jean, ainsi qu'il résulte de deux quittances déposées à la même bibliothèque.

Le chevalier-troubadour quitta Paris en 1401. Son cœur était en proie à la mélancolie. Mais, ajoute-t-il,

« *Pourquoi c'estoit, jamais ne le diroye.* »

Jehan Creton, qui suivit le roi Richard dans son expédition en Irlande, parle ainsi au sujet de la cruelle famine qu'éprouvait son armée :

«   *J'eusse bien volontiers*
« *Voulu estre sans argent à Poitiers, ou Paris!* »

et plus loin :

« *Il me souvient du chatel de Namur :*
« *Quand je le vis (le chatel de Sestre)…. »*

Lorsque le duc d'Hereford (depuis Henri IV) s'empara de la personne de Richard, le bruit se répandit que tous ceux de sa suite auraient la tête tranchée.

En cette circonstance critique, le poète avoue naïvement :

« *Qu'il ne cuide mie avoir jamais eu si grand peur.* »

Et il s'excuse *sur ce que nature enseigne à la créature à redouter la mort plus que tout autre chose,* &…

Le duc lui garantit la vie sauve et à un autre chevalier, sous le prétexte que le roi de France les avait envoyés en Irlande *pour esbatre et veoir le pays.*

Creton alors revint en France et se fixa à Paris. Plus tard, il fut chargé de parcourir l'Écosse pour reconnaître si Richard II, comme le bruit en courait, ne s'y trouvait pas encore vivant et prisonnier. C'est aux dépenses de ce voyage que se rapportent les deux quittances dont il a été parlé plus haut.

Robert de Vendville, son frère aîné, n'offre rien d'intéressant, non plus que son fils Gerard Ier (XIII degré), 1395. GERARD II (XIV degré) avait épousé, avant 1441, Jeanne de Meurs, et en eut deux filles, et son fils, GERARD III DE VENDVILLE, dont le mariage avec Marie de Barbançon (1480) donne une nouvelle autorité à la note relative au château de Suzanne, p. 5. L'une des filles s'allia au sire de Brias en Artois; et l'autre, MARIE, fut mariée, en 1396, avec Robert de Mailly, chevalier, seigneur de Marcaix, dont le domaine passa ensuite dans la branche aînée des d'Estourmel. Robert était fils d'Alix de Noyelle, veuve du seigneur de Caulaincourt et de Guillaume de Mailly, dit Saladin, dont les frères et sœurs, dit-on, étaient au nombre de vingt-quatre. Des cinq enfants de Robert de Mailly-Vendville, trois fils cadets furent religieux, l'un à Corbie, un autre à Ham, le troisième à Berthaucourt, et une fille devint abbesse de Ste Austreberthe de Montreuil.

PIERRE D'ESTOURMEL (XVI degré) écuyer, seigneur de Vendville, fils de Gérard III et de Marie de Barbançon, fut l'un des membres les plus illustres de cette branche collatérale. Des lettres de l'empereur Charles-Quint, en date du 31 mars 1521, l'investirent de la charge honorable de *Gavenier* de Cambrai et du comté de Cambrésis. (1) Il se rattacha à la

(1) *Gavenier*, ou maître des présents, du mot flamand *gavenne* ou *gave*, qui signifie don, présent, était celui qui exerçait le droit de courtoisie appartenant au comte de Flandre, en qualité de protecteur des églises du pays. Cette charge avait une grande importance au moyen-âge et dans la liste que donne Le Carpentier des gentilshommes par qui elle fut exercée, on trouve les noms de Récourt, de Saveuse, d'Applainconrt et d'autres maisons distinguées.

branche directe par son mariage (12 mars 1505) avec ADRIENNE D'ESTOURMEL, fille de Simon-Creton. Sa sœur, *Marie*, sa fille, *Anne*, et ses petites filles, *Florence* et *Françoise* furent chanoinesses de Nivelle avec Gertrude et Marguerite, sœurs d'Adrienne, qui étaient, l'une prévôte et l'autre abbesse de cette illustre abbaye. Par suite de ce mariage, les Vendville portèrent dès-lors pour armes : à la croix crételée d'argent, et pour brisure, un sautoir de gueules en abîme. Pierre obtint l'importante succession de sa tante Catherine de Bertrancourt, fille de son aïeule, Jeanne de Meurs, qui avait épousé, en secondes nôces, Jean de Bertrancourt. Catherine n'avait point eu de postérité de son mariage avec Henri Boquel, seigneur de Biaches, près Péronne, où dans la suite plusieurs dames de la maison d'Estourmel portèrent successivement le titre d'abbesse dans l'abbaye de cette localité.

Pierre d'Estourmel-Vendville décéda le 8 juillet 1528 : il fut inhumé d'abord dans l'église de S.ᵗ Géry de Cambrai; mais plus tard ses restes furent transportés dans l'église paroissiale de Vendhuile où ils furent réunis à ceux de sa femme et de sa fille sous un même mausolée. C'est un monument assez remarquable, en pierre bleue, qui paraît avoir été calqué sur celui de Gilles d'Estourmel dont il sera parlé plus loin et avec lequel il a de grands rapports de ressemblance.

Pierre d'Estourmel y est représenté la barbe tressée en nattes et revêtu de son armure semée, comme son écu, de croix crételées chargées d'un sautoir en abîme. Il a un heaume sur la tête, son épée en travers et ses gantelets sous un casque placé au milieu de la partie supérieure du tombeau qui porte un cygne éployé en forme de cimier. Ses pieds sont appuyés sur un lion.

A côté du chevalier, est figurée Adrienne d'Estourmel, couchée comme son père, ayant les mains jointes, la tête posée sur un coussin et un lévrier sous les pieds : sa mante est aussi parsemée de croix crételées. Les quatre piliers du mausolée sont chargés : le 1er des 2 écus réunis des époux; le 2e de trois jumelles posées en fasce : les 3e et 4e sont à moitié brisés et laissent voir sur un fragment un écu portant 2 lions en chef.

On y lit cette inscription incomplète aujourd'hui :

« Hôme de Foi, noble hôme Pierre d'Estorml ,

» S.r de Venduyl qui trépassa en la cité de Cambrai

» Le VIIIe jour de juillet an MVc XXVIII, fut enterré à

» S.t Gery quand on fit le chastiau me........

» Ci gist mademoiselle Andrien d'Estorml

» Fille dudit S.r d'Estorml qui trépassa l'an mil Vc......

Le reste est brisé; car ce tombeau fut délaissé par le propriétaire étranger à la famille qui avait acquis le domaine de Vendhuile dès le milieu du XVIIe siècle, et il eut encore à subir les atteintes de la révolution de 93. C'est dans cet état d'abandon qu'il fut recueilli par les soins intelligents de M. Le Masle qui en enrichit le musée de la ville de S.t-Quentin.

Sur la muraille de l'église de Vendhuile, à côté du monument, on lisait encore cette devise . *Sans attendre Estourmel.*

JEAN DE VENDVILLE, fils de Pierre, (XVIIe degré) eut le titre de maréchal héréditaire de Flandre par son mariage avec ANNE DE BAILLEUL , fille de Jeanne de Clèves et de Charles de Bailleul , baron de Doux-lieu et maréchal héréditaire de Flandre, dernier du nom et dont la seconde fille, Jeanne, avait épousé Robert de Montmorency-Nivelle.

Jean de Vendville fut colonel de 600 fantassins pour l'empereur, au siège d'Hesdin qu'avait entrepris le roi de France en personne et où périrent un grand nombre de nobles chevaliers. (1) « Le château, dit du Bellay, était défendu par » le capitaine Sanson, vieux chevalier Namurois, estimé fort » homme de guerre parmy les impériaux, le seigneur de

(1) Voir les détails dans du Bellay, T. 4. p. 282 et 334.

» Boubers avecques 500 hommes de pied, le seigneur de
» Vendeville, surnommé d'Estourmel, avecques autres 500
» et 5 ou 600 Namurois et bas Allemands..... »

Après la défense d'Hesdin, Jean avait obtenu le gouvernement de Gravelines, place très-importante, comme le fait comprendre Bussi Rabutin dans ses mémoires (1).

Son fils, JEAN III DE VENDVILLE, est remarquable surtout à cause de ses alliances et celles de ses enfants avec les familles les plus distinguées de la Flandre. Il épousa successivement : 1.º JEANNE DE FIENNE, de la branche Dubois d'Esquerdes, séparée au XIIIe siècle de celle du connétable de Fienne qui se démit en faveur de Duguesclin. 2.º *Anne d'Ongnies* et 3.º *Florence de Vieuville* qui était, comme la précédente, d'une noble et ancienne famille d'Artois et Flandre, dont Saint-Simon parle en plusieurs endroits de ses mémoires, à l'occasion du duc de la Vieuville. Cette dernière seule lui donna cinq enfants : *Anne* qui en 1603, s'allia à Claude de Croy, comte de Rœux, et fut mère d'Eustache de Croy, comte de Rœux et du S.Empire, chevalier de la Toison-d'Or ; et de Louis de Croy, évêque d'Ypres en 1647. — *Guislaine*, dame de Lannoy, qui s'allia au seigneur de Herpe, de la maison de Montmorency-Croisille, d'après Duchesne. — *Florence* qui, après avoir été chanoinesse de Nivelle, s'allia à François de Haynin, gouverneur de Valenciennes, famille descendant de l'empereur Charles-le-Chauve et dont le second fils, Robert de Haynin, fut le X.e évêque de Bruges où ses trente-deux quartiers de noblesse figurent encore à droite de l'autel de la cathédrale. — *Eustache*, seigneur de Milan, mort sans postérité ; et enfin ROBERT D'ESTOURMEL-VENDVILLE, dernier du nom, gouverneur de Bailleul, qui s'allia en 1604 à Marguerite, fille d'Adrien de Noyelle, comte de Marle, dont il n'eut que cinq filles en qui

(1) T. 1. p. 401.

s'éteignit la branche collatérale masculine des d'Estourmel-Vendville. Les deux premières filles, *Isabelle* et *Florence*, épousèrent successivement François de Récourt, châtelain-héréditaire de Lens et gouverneur d'Aire, dont la sœur fut dame de l'Infante et s'allia à Jean de Velasco, comte de Salazar, grand-maître de l'artillerie des Pays-Bas, comme un membre des Récourt fut amiral de France, d'après Monstrelet (liv. 1.ᵉʳ, ch. 224). — *Anne*, la troisième, dame de Vendville, s'allia à Pierre de Chasteller, vicomte de Bavay, d'une illustre maison du Brabant, dont un descendant parut avec éclat sous l'Empire et dans l'insurrection du Tyrol et mourut en 1825 gouverneur de Venise où l'on voit son tombeau. — *Françoise*, la quatrième, après avoir été chanoinesse de Nivelle, se maria à François, comte de Mastaing de Mérode-Montmorency. — La cinquième enfin, *Michelle-Belline*, fut chanoinesse de S.ᵗᵉ Aldegonde de Maubeuge. C'est par les Récourt et les Chasteller que le domaine de Vendhuile passa aux Mastaing qui l'aliénèrent en 1680.

Après avoir épuisé les documents relatifs à la branche collatérale des d'Estourmel-Vendhuile, il convient de revenir au ix degré de la ligne directe où elle s'en était séparée. Il a été parlé suffisamment de Waultier Creton dont le fils unique, Baudouin, offre peu d'intérêt. Mais son petit-fils, MATHIEU CRETON II (xi degré) ne manqua point de célébrité dans les armées du roi de France où il servit avec courage et distinc-tinction. On trouve, sous la date du 24 décembre 1338, une quittance de 28 livres qu'il reçut en dédommagement de la perte d'un cheval, au service du roi. Comme son cousin, Waultier de Vendville, on le voit figurer à la célèbre bataille de Bouvines, ainsi que le prouve l'extrait suivant « de l'état » des gendarmes et de pied qui ont servi le roy en son ost » de Bouvines, 1340. '

» Ledit noble seigneur d'Estourmel, pour lui et 5 écuyers,
» au prix du 22 juin jusqu'au 22 septembre, 97 jours,
» 32 sous 6 deniers par jour, 290 ^l 12 ^s 6 ^d — sous
» monseigneur Robert de Dreux... — Item pour la venüe
» dudit seigneur d'Estourmel et 5 écuyers, rien; pour ce
» qu'ils les prirent ailleurs en la bataille des maréchaux;
» pour leur retour de Bouvines à Douay, par jour, 32 sols,
» 6 deniers. »

Il paraît encore dans la *chevauchée du duc Jean de Normandie en Hainault*, (1340) dont Froissard parle ainsi :

« A donc se arroutèrent le charroy et chevauchèrent les
» seigneurs, les coureurs premiers qui bien étoient 200
» lances, et en étoient capitaines Messire Thibault de Ma-
» rueuil, le sire de Mirepois, le sire de Raineval, le sire
» de Sempy, le sire de Hangest et le sire d'Estourmel,
» &.. et après chevauchoient les deux mareschaux où il y
» avoit bien 500 lances.. » T. 1, p. 35. « Et, ajoute le
» manuscrit de Froissard, à la bibliothèque d'Amiens, il
» est nommé avec li sire de Montmorensy et Fiennes, le
» maréchal de Franche Bouchingaus et autres barons et
» chevaliers marchant sous le commandement du duc Jehan
» de Normandie (depuis le roi Jean) qui avait empris d'as-
» segir Vallenchiennes avec ces seigneurs dessus dits. »
Chap. 255.

En 1341, le sire d'Estourmel reçoit 100 livres tournois pour la prise de Guillaume de Montagu et autres ennemis du Royaume; et enfin, en 1355, on le voit marcher de nouveau, avec ses écuyers, à la suite des armées du Roi dont les lettres patentes constatent ses bons et fidèles services.

Sous Baudoin-Creton III (XII degré) on ne trouve de remarquable que la circonstance suivante rapportée par La Morlière :

« Le 14 décembre 1376, le même Baudoin (qui est qualifié ailleurs de Haut, noble et redouté seigneur) et sa femme

Colaïe de Brayelle, comparaissent devant Jean Lestocart et Jean Flamen, du baillage d'Amiens, et font cession de leur fief de Baillon-lès-Warloi, en faveur du chapitre de la cathédrale.

REIMBOLD-CRETON II, fils unique, comme ses trois prédécesseurs (XIIIᵉ degré), se trouva à l'expédition de Tournehem, 1376, où il est nommé en sa qualité de chevalier, un écuyer, sous monseigneur Guy de Pontailler, maréchal de Bourgogne; et des actes de 1404 le mentionnent comme l'un des seigneurs les plus dévoués à Pierre d'Ailly, évêque et comte de Cambrai. Il fut l'un des derniers qui fit revivre le nom, plutôt que les qualités éminentes, de Reimbold-Creton, le chef illustre de sa famille. Il épousa d'abord Jeanne de Paillart, petite-fille, par sa mère, du seigneur de Brézé, grand sénéchal de Normandie, et en secondes noces, Marie, de la célèbre maison de Belleforière. Il eut de sa première femme seulement trois enfants, surtout le fameux *Willaulme* (XIVᵉ degré) qui échangea le séjour d'Estourmel pour celui de Templeux-la-Fosse, près Péronne.

De ce qui précède on a pu comprendre que les descendants de Reimbold-Creton n'avaient point toujours soutenu dignement l'éclat de grandeur à laquelle cet illustre guerrier avait élevé la maison d'Estourmel. Mais nous entrons dans une phase nouvelle où les membres des deux branches, transplantés, pour ainsi dire, à Suzanne, à Plainville, au Frétoy, à Vendhuile, etc., sous les noms de Guyencourt, Fouilloy, Surville, Thieux, &., vont désormais, par leurs exploits, leurs services, leurs dignités et leurs alliances, réhabiliter et surpasser même l'ancienne illustration de leur famille.

WILLAULME D'ESTOURMEL, seigneur de Templeux, avait obtenu ce beau domaine par son mariage, avant 1415, avec Jehanne de Templeux qui en était devenue héritière par le décès, sans alliance, de son frère Adam, dit Lupart. Elle était fille de Simon, chevalier, seigneur de Templeux, Villers-Faucon, Haizecourt, &..., et de Jehanne d'Arleux, en Cambrésis.   3.

La position charmante du château-fort de Templeux, assis sur un côteau élevé, défendu au Nord par la forêt d'Arrouaise, et d'autre part, par une vallée profonde, fut sans doute l'un des puissants motifs qui déterminèrent Willaulme à délaisser l'antique castel de ses pères pour venir se fixer dans cette nouvelle résidence. Il y trouvait d'ailleurs plus de force et de sécurité dans ces siècles d'excursions et de guerres intestines des seigneurs entr'eux La châtellenie de Templeux était elle-même d'une noble et haute antiquité. Simon, père de Jeanne, était l'arrière petit-fils du célèbre Ibert, ou Humbert, qui se distingua surtout par sa munificence religieuse En 1256, Humbert, appelé *Ibertus Templeuzii Dominus*, avait établi dans son domaine une maison conventuelle de Trinitaires, dont l'ordre venait d'être fondé par S.ᵗ-Jean de Matha. Un des premiers établissements de cet ordre s'était déjà formé à Saint-Quentin; mais les Trinitaires avaient bientôt quitté cette ville pour se fixer à Templeux où le pieux châtelain du lieu et Marie, sa femme, leur offraient beaucoup plus d'avantages, et surtout une rente annuelle de trente muids de blé. Ils desservirent dignement la cure de cette paroisse jusqu'à la révolution de 93. (1)

Dès 1240, le même Humbert est cité, sous le nom d'Iombert, au nombre des bienfaiteurs de la collégiale de Saint-Quentin. A la date de 1242 (La Morlière dit de 1254), on trouve de lui une donation fort remarquable à l'abbaye de S.ᵗ-Nicolas d'Arrouaise, près Bapaume. Il avait concédé aux religieux de ce monastère une certaine quantité de terres, à la charge et condition que lesdits religieux donneraient annuellement 50 robes ou cottes de drap de serge et 50 paires de souliers, pour les deux tiers aux pauvres d'Arrouaise, et pour le reste à ceux de Templeux, auxquels ils étaient tenus de les distribuer le jour des Morts et en présence du seigneur

(1) Voir l'hist. de l'arrond.ᵗ de Péronne, p. 586 et suiv.

qui consentit, en 1455, à 'une réduction de cette aumône,
par transaction avec l'abbaye d'Arrouaise.

Willaulme lui-même ne le céda en rien à la pieuse générosité des ancêtres de son épouse. « En effet, dit La Morlière,
» il témoigna sa dévotion ensemble la grandeur de ses fa-
» cultez, lorsque par son testament qui se voit encore dans
» les titres de la maison, il ordonna que ses exécuteurs tes-
» tamentaires distribueraient à mille pauvres, *mille livres*,
» *mille pains, mille lots de vin* et *mille habits de drap blancs;*
» lesquels pauvres seroient tous de ses sujets. »

SIMON CRETON, le seul remarquable des trois enfants de
Willaulme, avait obtenu du pape Calixte III une bulle par
laquelle Sa Sainteté lui accorde la permission d'avoir un autel
portatif pour y faire célébrer la messe partout, en lieu dé-
cent. L'original de cette bulle, en date du 8 mai 1457, se
voit encore aux archives de la maison d'Estourmel : Simon
Creton y est qualifié *Nobilis vir Simon d'Estourmel miles Dominus de Templeux.* Sa sœur, Marie d'Estourmel, avait
épousé, en 1396, Jean, seigneur de Caulaincourt, et était
morte peu de temps après son mariage.

Simon-Creton est cité au nombre des grands seigneurs qui
accompagnaient Philippe III, dit le bon, duc de Bourgogne,
se rendant jusqu'à l'abbaye de S.ᵗ-Thierri au-devant de
Louis XI, lorsque ce monarque fit son entrée à Reims le 14
août 1461. Dutillet la rapporte en ces termes : (1)

« L'an M. CCCC. LXI, le 14ᵉ jour d'aoust, entra Loys, roy
» de France très-chrétien et excellent roy, XIᵉ de ce nom,
» en sa ville et cité de Rheims, où alla au-devant de lui mon
» très redouté Seigneur, Monsieur le Duc de Bourgoigne,
» jusques à l'abbaye de S.ᵗ-Thierry, accompagné de plu-
» sieurs princes, barons, chevaliers et écuïers, houssiéz et
» habilléz en la manière qui suit. » — Sur 63, Simon y est

---

(1) Recueil de Dutillet, 2.ᵉ partie, p. 68.

mentionné le 26.me « M. d'Estourmel (d'Esturmay) *houssiéz*
» *d'un velours noir* » après M. de Lalain, *houssiéz d'un drap
d'or vermeil*, et avant M. de Humières, *houssiéz d'un damas
noir*. « Et plusieurs autres chevaliers et écuïers en grand
» nombre moult richement habilléz et houssiéz...... Enfin le
» Roy, Notre Sire, habillé de damas blanc et rouge, et
» menoit au devant de lui un coursier blanc, houssié des
» armes de France, sur lequel il monta à l'entrée de la porte
» de la ville. »

Vers 1460, Simon Creton avait épousé Jeanne de Bazin-
zourt de la Boissière, qui lui apporta en dot la seigneurie de
Hardecourt-aux-Bois, et dont il eut cinq enfants. Ses deux
filles, *Annette* et *Oleipse*, furent religieuses-Cordelières à
l'abbaye de St-Marcel de Paris; mais la seconde passa ensuite à celle de Premy-lès-Cambrai, dont ses ancêtres avaient
été les bienfaiteurs. Par un contrat de constitution du 19
septembre 1467 relatif à ces deux religieuses, on voit qu'il
suffisait alors, pour être reçu en religion, d'établir une dot
de 21 livres de rente rachetable au capital de 160 écus d'or.

En 1476, son second fils, *Jacques d'Estourmel*, devint
seigneur de Plainville qui fut un siècle plus tard le titre d'une
branche collatérale de la famille d'Estourmel. Lui-même ne
put en devenir le chef, car il n'eut que deux filles dont l'une,
dite la belle Jehanne d'Estourmel, épousa d'abord Antoine
de Soyécourt, d'une ancienne et illustre famille de Picardie
qui s'éteignit en 1580 par le mariage de l'héritière avec
Ponthus de Belleforière, et s'allia, en secondes noces, à la
famille du Cavrel.

GILLES REIMBOLD-CRETON D'ESTOURMEL, fils aîné de Simon
(XVIe degré), apparaît comme l'aurore de cette ère de gloire
et de grandeur qui va bientôt illustrer la noble maison d'Estourmel.

Dès l'an 1473, J. de Troyes nous apprend que Gilles
Creton était gouverneur pour le Roi dans la ville de Saint-
Quentin. A l'occasion de l'entrevue qui eut lieu dans cette

place entre Louis XI et le comte de S.ᵗ-Pol, cet historien ajoute : « Illec parlèrent de leurs différents, mêmement pour
» raison de la prise et retenue que faisoit ledit connetable de
» la ville de S.ᵗ-Quentin qu'il avoit prise et mise en sa main,
» et en a déchassé et bouté dehors le sire de Creton qui
» avait la garde d'icelle ville de par le Roy, et la retenue de
» 100 lances, qui tous par la force et contrainte dudit con-
» netable vuidèrent hors de ladite ville, dont le Roy fut
» bien mal content..... » (1)

Par acte du 18 décembre 1479, le roi Louis XI, en considération des bons services qu'il en a reçus, confisqua en faveur de Gilles d'Estourmel les terres et seigneuries du Cauroy et de Chantemerle, en Cambrésis, au préjudice des sieurs de Lannoy et de Marquette qui tenaient le parti du duc d'Autriche, rebelle et désobéissant sujet.

Il est regrettable que les chroniqueurs contemporains, Monstrelet surtout qui connaissait si bien les chevaliers du Cambrésis, ne nous aient point laissé plus de renseignements sur les services militaires de Gilles et de ses prédécesseurs.

Un titre de 1500 nous démontre que la seigneurie d'Estourmel-Templeux avait déjà beaucoup d'importance et possédait son bailly particulier qui se nommait Jean de Monjau. Indépendamment du domaine de Guyencourt, Gilles, par acte du 13 avril 1491, avait encore acquis de Robert de Mailly, écuyer, moyennant 200 livres et à la charge d'une rente de 16 livres, toute la terre et seigneurie de Marquaix renfermant la célèbre chapelle de N. D. de Moyen-Pont dont il sera parlé bientôt. Cette terre était déjà engagée par Robert de Mailly et relevait du comté de Nesle. Par acte de donation devant les échevins du duché de Cambrai, en date du 11 juillet 1522, huit jours avant sa mort, Gilles l'avait concédée avec celle de Guyencourt, par avancement et anti-

(1) Mémoires. — pp. 266-272.

cipation d'hoirie, à Jean, son fils ainé, à l'occasion de son mariage avec Madeleine d'Aumale.

C'est sans doute à la reconnaissance et à la piété filiale de l'illustre Jean d'Estourmel que l'on doit attribuer le tombeau de Gilles et d'Hélène de Noyelle, ses père et mère, élevé dans l'église Notre-Dame de Templeux-la-Fosse. (1)

Ce tombeau, en granit noir et bien conservé, a 2 mètres 35 centimètres de long, sur 1 mètre 28 centimètres de large. On y voit représentés, en demi-bosse, noble seigneur Gilles d'Estourmel, seigneur du lieu, qui trépassa le 19 juillet 1522 ; et noble dame Helaine de Noyelle (2) qui trépassa le 17 octobre 1518 ; et l'inscription se termine par ces mots, qui sont toujours ailleurs à la 2.e personne, *Prions Dieu pour leurs âmes !*

Leurs statues sont couchées. Gilles est armé de toutes pièces ; un gantelet est à ses côtés et un lion à ses pieds. Hélène porte un chaperon et une cordelière ; ses pieds s'appuient sur une levrette. Des armoiries sont parsemées sur les habits des deux époux, séparés vers le haut par un casque où pend un écu chargé d'une croix crételée. Le tombeau est supporté par quatre piliers ou balustres, de 66 centimètres de haut, ornés de 16 quartiers, comme il suit :

1.er pilier : Villerval-Eginhaut-Bernieulles-La Trémoille.

2.e Bazincourt-La Boissière-Fay-Athies.

---

(1) Ce monument a été soustrait au vandalisme de la révolution par les soins de M. le marquis Louis d'Estourmel qui le fit enlever de l'église de Templeux pour le cacher dans la pièce d'eau adjacente au château de Suzanne. On l'en retira depuis pour le placer d'abord dans l'église et ensuite dans la galerie du château de Suzanne.

(2) Hélène de Noyelle, de Hangest, appartenait à une branche illustrée de l'ancienne maison de Beaufort qui subsiste encore aujourd'hui en Artois. Elle était petite-fille de Beaudot de Noyelle-Wion, chevalier de la Toison d'Or, conseiller et chambellan du duc de Bourgogne et premier gouverneur titulaire de Péronne, Montdidier et Roye, en 1421, gouvernement que Michel, arrière petit-fils d'Helène, devait occuper dans le siècle suivant.

3.e Hangest-Craon-Noyelle-Rosimbos.

4.e Templeux-Arleux-Estourmel-Paillard. (1)

Ce magnifique monument les honora moins encore que la haute célébrité de leurs quatre enfants. MARGUERITE fut abbesse du noble et insigne chapitre de l'église collégiale de S.te-Gertrude de Nivelle en Brabant, diocèse de Namur, et princesse de la ville et du Saint-Empire. (2) Elle fut élue le 1.er mars 1549 par ordonnance de l'empereur Charles-Quint.

A cet effet, deux conseillers et maîtres des requêtes du conseil privé de la reine de Hongrie, régente des Pays-Bas pour l'Empereur, assistés d'un secrétaire dudit conseil, s'adressèrent au chapitre général de Nivelle, lui remontrant que, sur le bon rapport fait à Sa Majesté de ladite dame d'Estourmel, il lui plairait qu'elle fût élue abbesse de leur église et chapitre, duquel elle le fut unanimement, et fit son entrée publique dans la ville de Nivelle, le 30 avril suivant. « Cette illustre abbesse, disent les mêmes archives » de Nivelle, se signala par une grande générosité envers » son chapitre; fit bâtir l'hôtel Abbatial et plusieurs autres » édifices, et termina sa noble et sainte carrière le 28 oc- » tobre 1560.

Sa sœur GERTRUDE (comme après elle sa nièce, Marie) fut aussi chanoinesse et prévôte du noble chapitre de Nivelle; de sorte que l'on vit à Nivelle, presque dans le même temps,

---

(1) Les deux tombeaux de Gilles et de Pierre d'Estourmel-Vendville dont il a été parlé plus haut, inédits jusqu'à ce jour, ont été décrits et lithographiés dans le beau *voyage de France de MM. Taylor, Nodier et Cayeux*. M. N*** de Saint-Quentin a aussi publié une notice sur le tombeau de Pierre d'Estourmel, dans le magasin pittoresque de 1856.

(2) Ce chapitre noble avait été fondé par Iduberge, veuve de Pépin de Landen, maire du Palais, sous Dagobert. Les chanoinesses étaient au nombre de quarante-deux, et le jour de leur réception elles obtenaient le titre de chevalier de S.t-Georges. On leur mettait alors une épée à la main, et à la fin de la messe, elles recevaient l'accolade et trois coups du plat de l'épée que leur donnait un chevalier. Pour être admis dans ce chapitre noble, il fallait, comme le firent les dames d'Estourmel, fournir la preuve de 30 quartiers de noblesse.

une abbesse, deux prévôtes et sept chanoinesses de la maison
d'Estourmel, qui étaient les nièces de Gertrude et Marguerite, soit par leur frère Jean III qui eut douze enfants, soit
par leur sœur Adrienne qui avait épousé Pierre d'Estourmel-
Vendville.

Le 25 août 1561, après la mort de sa sœur Marguerite à
laquelle elle survécut environ seize ans, Gertrude rendit un
jugement arbitral sur la possession de la terre et seigneurie
d'Estourmel et sur le port des pleines armes de la dite
maison, en faveur de Michel et contre Antoine d'Estourmel
qui tous deux l'avaient choisie pour arbitre, en vue de mettre
fin à un procès qui depuis de longues années était pendant
entr'eux au parlement de Paris.

Après sa mort, Gertrude fut placée avec sa sœur Marguerite dans un même tombeau à la collégiale de Nivelle; et sur
la pierre tumulaire qui le recouvrait, on voyait les deux
sœurs représentées avec leurs costumes religieux, les armes
de leur famille, et les marques distinctives de leurs dignités
d'abbesse et de prévôte.

JEAN III D'ESTOURMEL (XVIIe degré), chevalier, seigneur
de Templeux-la-Fosse, Guyencourt, Haizecourt, Marquaix,
Malmaison, et fils aîné de Gilles, devint, comme Reimbold
Creton, l'honneur et la gloire de la maison d'Estourmel. Il
la raviva, pour ainsi dire, au milieu de sa course et par sa
nombreuse postérité et par une éclatante illustration qui
permet, ce semble, de l'égaler au chef si distingué de sa famille, dont le premier il abandonna le nom.

Il avait épousé Madeleine, issue des anciens comtes d'Au-
male et fille de Charles, vicomte du Mont-Notre-Dame, et de
Jeanne de Rasse. Le contrat avait été passé en 1514 devant
de la Fons à Saint-Quentin, et en présence d'Antoine de
Vasières, chevalier, seigneur de Hangest et Davenescourt;
Nicolas, seigneur de Longueval; Philippe de Mailly, seigneur
de Mametz; Messire Renault d'Aumale, chanoine de Saint-
Quentin; Messire Nicolas de Brouilly, abbé de S.t-Prix, et

Messire Bon Mauchevalier, prévost de Cambrai et doyen de l'église de S.ᵗ-Quentin... &.

Par acte du 8 novembre 1525 , il fait remise, par charité, du droit d'aubaine qu'il avait sur ceux de ses vassaux qui étaient exclus de la société pour cause de méselerie. (1)

Après différentes requêtes et informations de la justice de Péronne, Jean III obtient un arrêt du Conseil et des lettres patentes de François Iᵉʳ du 12 octobre 1529 , qui lui accordent le droit de guet et garde au château et place de Templeux, et en imposent une obligation commune aux habitants de Templeux, Haizecourt, Guyencourt et Marquaix.

C'est ainsi qu'au 17 février 1531, ce seigneur avait encore obtenu la charge de commissaire des guerres du Roi.

Jean III d'Estourmel possédait déjà le titre de chambellan de S. A. R. le duc d'Orléans ; et au mois de mars 1535 , il assista en qualité de commissaire, ambassadeur et procureur du Roi, et comme maître de la maison du duc de Vendôme, aux articles, traité et conventions de mariage entre Jacques V, roi d'Écosse, et Marie de Bourbon-Vendôme. Il avait pour adjoints : Mathieu de Lonjoüe, évêque de Soissons ; Guillaume Poyet, président au Parlement de Paris ; Jacques Hacquenet, grand échanson d'Écosse ; Guillaume Féau , seigneur de Fernay, chambellan du roi ; et pour consignants : le cardinal de Tournon ; Antoine du Bourg, chancelier de France ; Annet de Montmorency, grand-maître et maréchal de France ; Philippe Chabot, comte de Busançois , amiral de France.

Une si grande distinction ne pouvait être attribuée qu'au mérite éminent de Jean d'Estourmel. Il sut justifier la confiance de son prince et mériter ses nouvelles faveurs par un dévouement héroïque à sa cause, surtout par le service signalé qu'il rendit à la France, l'année suivante 1536 , à l'époque du fameux siège de Péronne.

---

(1) Méselerie, en Flandre, et en France, ladrerie ou lèpre, maladie qui régnait encore à cette époque, quoiqu'à l'état de décroissance.

Rapportons ce fait, si honorable à sa mémoire, en combinant, come il suit, le texte des divers historiens, tels que du Bellay, D. Romuald, Mezerai, Daniel, La Morlière et Carnot, qui tous l'ont mentionné avec éloge.

« L'Empereur Charles V, toujours infatué d'élever une
» monarchie universelle, entra en Provence à son retour
» d'Afrique, et fit le siège de Marseille qu'il fut contraint de
» lever avec une perte considérable Pour se dédommager
» de plusieurs échecs, il ordonna une irruption en Picardie
» où il envoya une armée sous le commandement de Henri,
» comte de Nassau. Ce général marcha sur la place forte de
» Péronne qui était alors dépourvue de toutes munitions de
» bouche et de guerre ; ce qui faisait craindre avec raison
» que les habitants ne l'abandonnassent lorsque l'ennemi en
» formerait le siège. Le seigneur d'Estourmel, afin de pré-
» venir ce funeste événement, se jetta dans la place avec sa
» famille, ses vassaux, son argent et sa vaisselle dont il
» soudoya généreusement les troupes qui s'y trouvaient et
» celles qu'il leva à ses frais. Pour ravitailler la ville, il y fit
» encore transporter tous les grains et fourrages qu'il venait de
» récolter sur cinq belles terres de ses domaines. C'est ainsi
» qu'il ranima la confiance des habitants qui défendirent la
» place avec un courage héroïque et obligèrent les Impériaux
» à en lever honteusement le siège le 11 septembre 1536.
» La ville, il est vrai, fut très-bien défendue par le ma-
» réchal de La Mark et par de Sarcus, colonel des légions
» picardes, mais tous réfèrent le bonheur de l'événement à
» la sage prévoyance et au généreux dévouement du sei-
» gneur d'Estourmel, gentilhomme très-estimé pendant sa
» vie et dont la mémoire vivra à jamais pour le service si-
» gnalé qu'il rendit à la France par la conservation de la
» place forte de Péronne.

» Chaque année, à l'époque de la fête que l'on célébrait
» dans cette ville, en actions de grâces de cette heureuse
» délivrance qui sauva la Picardie...... le prédicateur, dans

» son discours, proclamait avec éloge les noms de Messieurs
» d'Applaincourt et d'Estourmel, en mémoire de leur cou-
» rage et de leur dévouement dans la défense de la ville
» en 1536. »

Pour le récompenser des sacrifices qu'il s'était imposés si
généreusement, et pour reconnaître l'importance de ses
services, le roi de France, François Ier, le nomma son premier maître d'hôtel; lui donna la charge de trésorier général
de toutes ses finances dans les provinces de Picardie, Champagne et Brie, pour en exercer lui seul la généralité, où il
succéda à Antoine de Lameth; et le créa maître des fortifications dans les mêmes provinces. (Brevet du 19 sept. 1541).

En 1546, lorsque le roi d'Angleterre eut assiégé la ville de
Boulogne, François Ier l'envoya en ambassade vers ce prince,
ainsi que le cardinal du Bellay, archevêque de Bordeaux,
pour traiter avec lui de la paix.

Jusqu'à sa mort, François Ier honora Jean III d'Estourmel
de sa confiance et le combla de ses bienfaits. Henri II, son
successeur, hérita de ses sentiments et répandit également
ses faveurs sur ce noble et généreux gentilhomme. Il lui
accorda une rente de 2,000 livres et le huitième sur les aides
de l'élection de Meaux.

Jean, l'illustre restaurateur de sa maison, touchait au
terme d'une belle et longue carrière où il s'était montré
constamment fidèle au service de son Dieu, comme à celui
de son Prince. Son testament, dont on va lire les principaux
articles, est un dernier témoignage de sa foi vive, de sa
profonde sagesse, de la bonté de son cœur.

« Testament dudit noble Seigneur, demeurant alors en la
» ville de Péronne, où étant en santé de corps et bon en-
» tendement, sens et mémoire, selon que par geste, propos
» et devis est apparu à Antoine de Haussi et à Jean Loiset,
» notaires royaux en la ville, gouvernement et prévôté de
» Péronne, qui ont reçu ledit testament et ordonnance de
» dernière volonté, le 16.e jour d'aoust 1557...... »

. . . . « Ordonne (ledit Seigneur) par le présent testa-
» ment, être inhumé en l'Église Notre-Dame de Templeux
» où est inhumée noble dame, Madame Madeleine d'Aumale,
» son épouse, et noble seigneur, Gilles d'Estourmel, son
» père..... et fait des dons à ladite Église, en cas qu'il ne
» puisse les exécuter avant son décès. »

« Lègue et donne aux Frères et Sœurs de la Maison de
» S. Ladre &.....

» Que l'on fasse assister à son inhumation vingt-quatre
» pauvres, ses sujets ; qu'il soit célébré en toutes ses terres
» et seigneuries, en chacune église, un service et plusieurs
» basses messes, &..... »

Suivent divers dons et legs aux sœurs et couvent de S.te
Claire, aux Cordeliers et religieuses de S. François, de Péronne, — au couvent de S.te Claire et aux sœurs grises
d'Amiens, — aux Jacobins, Cordeliers, Augustins, Célestins,
Bons-Hommes, pauvres de l'Hôtel-Dieu, Mineurs et sœurs
de la Madeleine.

« Ordonne (ledit testateur) que ses domestiques soient
» payés de leurs gages jusqu'au jour de sa mort, et qu'il
» leur soit donné un habillement de deuil...... et qu'au lieu
» et outre les aumônes qu'on a coutume de faire, on distri-
» bue jusqu'à 16 et 20 muids de blé aux plus pauvres de ses
» sujets.... »

« Donne à noble damoiselle, Madeleine d'Estourmel, sa
» fille, dame de la Vernade, la meilleure chaîne d'or de
» feue noble dame, madame Madeleine d'Aumale, sa mère,
» son épouse...., et à Jean de Longueval, fils de Bonne
» d'Estourmel, sa fille, dame de Tenelles, une autre chaîne
» d'or semblable........

» En outre, par les présentes, a, ledit chevalier testateur,
» donné et donne tous et chacun de ses meubles et dettes
» actives également aux quatre enfants puînés dudit seigneur
» de Guyencourt, chacun par égale portion, c'est à savoir,
» Michel, Louis, Jossine et Jeanne d'Estourmel ; qui est à

» chacun un quart.... *sauf la croix d'argent où est enchassée*
» *la Vraie Croix qu'il veut et entend demeurer et appartenir*
» *au fils aîné de l'estoc et lignée d'icelui;* parce que ladite
» Croix fut donnée à un de ses prédécesseurs d'icelui testa-
» teur, à la prise de Jérusalem, au temps de la conquête de
» la Terre Sainte, par Gaudefroy de Bouillon, pour cause
» que des premiers il entra à l'assaut de ladite ville de Jéru-
» salem, &.......... »

Le Ciel se plut à bénir ce vertueux et illustre seigneur
jusque dans sa nombreuse postérité qui a dignement maintenu
la gloire et la noblesse de la maison d'Estourmel. De ses
douze enfants, Jean IV, son aîné, devint le chef des Surville, Plainville et Frétoy qui ont brillé d'un si vif éclat
jusqu'à leur extinction vers le milieu du XVIIe siècle ; et
Antoine, son second fils, fut la souche de la branche célèbre
des Fouilloy-Suzanne, subdivisée en Herville-Thieux, la
seule qui se soit perpétuée jusqu'à ce jour dans les barons
de Massy, de Cappy et dans les marquis d'Estourmel. Ces
deux tiges principales auront leur notice particulière et res-
pective, après l'exposé des circonstances les plus intéressantes sur les autres enfants.

Gilles, 3.e fils de Jean, mourut sans postérité. Bonne
d'Estourmel épousa Jean de Longueval de Tenelles, chef de
sa maison et dont le frère Robert s'était allié à Marie de
Montmorency. *Anne* fut mariée au seigneur de la Vernade.
Claude et *Marie* furent, l'une chanoinesse et l'autre prévôte
de Nivelle; *Nicole* devint religieuse à l'abbaye de Saint-Pierre
d'Avenay, en Champagne; *Marguerite, Françoise* et *Hélène*
moururent sans alliance, et son 6.e fils, *Pierre*, eut le titre de
chevalier dans l'ordre de S.t-Jean de Jérusalem, et mourut
glorieusement dans un combat contre les Turcs, en 1543,
d'après cette citation du Martyrologe de l'Ordre.

« Frère Pierre d'Estourmel, picard de nation, de la langue
» de France, mourut en un combat l'an 1543. Il était fils de
» Jean d'Estourmel..... et petit-fils de Gilles Reimbold-Creton,

» arrière petit-fils de Simon-Creton, frère de Reimbold
» mort à la croisade de 1433........ » (1)

Cette mort prématurée vint briser les justes espérances
de Pierre et de sa famille : car l'illustre grand-maître de
l'Ordre, l'Isle d'Adam, était l'oncle de Madeleine de Villiers,
mariée à Jean d'Aumale, frère de sa mère.

***

BRANCHE DIRECTE D'ESTOURMEL-SURVILLE.

JEAN, fils aîné de Jean III, seigneur de Guyencourt et
dont le petit-fils, Antoine, prit le surnom de *Surville*, fut
chevalier des Ordres du Roi, enseigne, puis lieutenant
d'une compagnie d'hommes d'armes des Ordonnances de
Sa Majesté dont il était échanson ordinaire; puis capitaine
et gouverneur de la place de Saint-Quentin. Il mourut peu
de jours avant son père, à l'âge d'environ 42 ans.

Il avait épousé, à Montdidier, en 1539, Marie de Habarcq, dame de Manancourt, Gournay, et veuve de Antoine
Vaurin de Wasières, chevalier, seigneur de Hangest et
Davenescourt. Jehanne de Habarcq, sa tante, était dame
de la célèbre maison de Bourbon érigée en duché-pairie par
Charles-le-Bel en faveur de Louis Ier, duc de Bourbon, fils
aîné de Robert de France, sixième enfant de S.t-Louis.

On trouve dans les Mémoires du maréchal de la Vieilleville
ce récit curieux dans lequel Jean d'Estourmel, de Guyencourt,

---

(1) Le Carpentier et D. Grenier citent aussi Reimbold Creton, mort à
la croisade de 1433; La Morlière dit : en allant à Jérusalem. Comme il
n'y eut plus de croisade proprement dite à dater de 1363 et 1365, il ne
peut être ici question que d'un fait d'armes particulier des chevaliers de
St.-Jean contre les Infidèles et dont Reimbold Creton faisait partie. Il est
en effet cité plus haut comme étant mort sans postérité.

son lieutenant, joua un grand rôle. Nous en rapportons les circonstances les plus remarquables. (1)

La reine de Hongrie avait résolu de surprendre par la ruse la ville de Metz dont le maréchal de la Vieilleville était gouverneur, et, contre laquelle l'empereur Charles-Quint venait d'échouer avec une armée de cent mille hommes: A cet effet, elle gagna le gardien des Cordeliers de Metz qui admit secrètement dans sa maison trente officiers et soldats choisis dans ses troupes. Ils se déguisèrent en religieux et, d'après la relation, *se mêlèrent si bien avec les moines naturels faisants cérémonieuses sanctimonies*, qu'il était impossible de les distinguer des autres.

Vieilleville eut l'adresse et le bonheur de découvrir le complot, le jour même où il devait s'exécuter et où douze cents arquebusiers, huit cents chevaux et grand nombre de seigneurs-nobles des Pays-Bas s'acheminaient pour surprendre Metz, à l'aide des vrais et des faux moines. Aussitôt il appelle M. de Guyencourt (Jean IV d'Estourmel), lieutenant de sa compagnie, et lui ordonne de faire la première charge, tandis qu'il s'avance lui-même à la tête de la garnison.

Le seigneur de Guyencourt attend que les troupes Impériales soient engagées dans un bois voisin des fortifications et d'où il les entend former à l'avance les plus beaux projets contre la ville. Alors il se porte subitement contre l'ennemi avec ses hommes d'armes, en criant : *France! France! Viéville! Charge, Charge!* puis *décoche à toutes brides, la lance en arrêt.*

Le comte de Mesgue, général des Impériaux, pensant éviter cette embuscade, tombe dans une autre que le maréchal de la Vieilleville venait de disposer. Finalement, sur les trois mille hommes qu'il commandait, il laissa onze cent

---

(1) Mém. Viev. ch. **XXII** et suivants.

quarante-cinq morts dont plus de trente grands seigneurs des Pays-Bas et de la Haute-Bourgogne, et bien quatre cent cinquante prisonniers dont M. de Guyencourt, disent les Mémoires, eut les plus riches.

Vers minuit, on rentra dans la ville où les habitants, ayant appris le danger imminent qu'ils avaient couru et auquel ils venaient d'échapper, se livrèrent aux transports de la joie la plus vive.

Cela se passa un jeudi d'octobre de l'an 1555. Le Roi lui-même voulut rédiger de sa main cette curieuse relation qui fut imprimée à cette époque, mais dont on ne retrouve plus un seul exemplaire.

Les plus remarquables des neuf enfants de Jean d'Estourmel de Guyencourt furent : *Blanche*, abbesse de Biaches, près Péronne, par bulle du pape Clément VIII, en date de l'année 1596, en même temps que Jeanne de S.-Simon en était coadjutrice ; *Jeanne*, chanoinesse de Nivelle comme sa sœur *Charlotte* qui quitta ensuite cette abbaye pour épouser, au château de Mesnil-S.-Firmin, Nicolas de Fontaines, chevalier, seigneur de la Neuville-Esturgeul ; *Jossine*, mariée à François de Conty, seigneur de Rocquencourt ; *Antoine* et *Louis*, chefs des *Plainville* et *Frétoi* ;

Et enfin le célèbre MICHEL D'ESTOURMEL (xixe degré), seigneur d'Estourmel, Templeux, Haizecourt, Driencourt, Marquaix, Hamel-le-Quesne, Guyencourt, Roisel en partie, Mesnil-S.-Firmin, Fonches, Champien, Longastre, &. Ce gentilhomme sut profiter de ses alliances, de son crédit et surtout des circonstances où se trouvait alors le royaume pour s'élever à une fortune brillante : son mérite personnel, ses hautes qualités et la mort prématurée de son père lui ouvrirent une carrière presque aussi glorieuse que celle de son aïeul.

Michel était déjà chevalier de l'Ordre du Roi, gentilhomme ordinaire de sa chambre et capitaine d'une compagnie de 50 hommes, lorsque le 13 février 1577 il signa, avec ses deux frères Antoine et Louis, son cousin Jean, seigneur de Fouilloy, et les seigneurs les plus distingués de la province, la fameuse ligue de Péronne dont le gouvernement général, que Charles VI, en 1421, avait rendu tout-à-fait indépendant de celui de Picardie, lui fut bientôt confié. Rien de plus honorable pour Michel que les lettres patentes mêmes du Roi, en date de 1579, qui lui confèrent la charge de gouverneur général de Péronne, Montdidier et Roye, avec le titre de conseiller au Conseil d'État et privé. Ici, comme ailleurs, les bornes restreintes d'une notice nous obligent à ne citer que les passages les plus intéressants de ces lettres.

« Nous ayant, dit le Roi, pour l'importance desdits États
» et Charges, advisé de pourvoir à iceulx, et pour ce faire
» élection de quelque notable et vertueux personnage du-
» quel la fidélité nous soit connue, et sur lequel nous nous en
» puissions reposer, sçavoir faisons que nous ayant parfaite
» connoissance de la personne de notre amé et féal chevalier
» de notre Ordre..... Michel d'Estourmel..... pour les fré-
» quents témoignages qu'il a rendus en plusieurs bons, si-
» gnalés et recommandables services qu'il a faits et continués
» jusqu'ici, tant du vivant des différents Roys nos prédéces-
» seurs que depuis notre advenement à cette couronne... à
» icelui pour ces causes et l'assurance que nous avons qu'il
» s'acquittera desdits États et Charges... à notre parfait
» contentement, avons donné et octroyé, donnons et oc-
» troyons par ces présentes Iceux États et Charges..... pour
» ledit seigneur d'Estourmel les avoir, tenir et en jouir, aux
» honneurs, autorités, prérogatives........., comme par le
» deffunt Roy Charles, Notre très cher Seigneur et Frère,
» que Dieu absolve... &....

La lettre suivante que lui adresse le Roi Henri III, en date du 26 mars 1582, en sa qualité de gouverneur de Péronne, n'est pas moins digne d'intérêt.

« Monsieur d'Estourmel, auparavant la réception de votre
» lettre, je n'avois point eu avis de ces feux que vous dites

» s'être allumés en Artois par les trouppes que tient mon
» frère le duc d'Anjou en ce quartier là. Ce qui a été exécuté
» très mal à propos.... que cette exécution de feux est fort
» grand accroissement du mal comme le démontrent les
» effets qui s'en sont suivis par la prise des prisonniers et
» autres actes d'hostilité que les ministres du Roi catholique,
» mon beau-frère, ont fait jusqu'au dedans du pays qui est
» sous mon obéissance. Pour cela ne veux-je pas tomber en
» une rupture de paix, mais l'éviter le plus qu'il me sera
» possible....... et vous prie de continuer vos instances pour
» faire restituer les prisonniers et réparer les autres indues
» entreprises, sans souffrir qu'elles se fassent au préjudice
» de la paix, laquelle je veux observer de bonne foi autant
» qu'il me sera possible..... Et après cela, s'ils ne s'en veu-
» lent contenir et continuent à faire des pillages sur mes
» sujets, il ne sera pas mal à propos de faire prendre quel-
» ques uns des pillards et les retenir prisonniers, afin que
» par telle revanche ils puissent être contenus en devoir et
» ne venir à plus dangereuse exécution, comme il advien-
» droit à la fin. Vous priant sur telle occasion d'avoir tou-
» jours l'œil plus ouvert que jamais à la conservation de ce
» que vous avez en charge... &.... »

Les habitants de Péronne avaient accueilli avec applaudis-
sement la nomination de Michel d'Estourmel au gouvernement
de leur ville. Ces zélés catholiques conservaient avec reconnaissance le souvenir du service signalé qu'il leur avait rendu
et dont La Morlière parle en ces termes :

« Il renouvela, dit cet historien, l'obligation que la ville
» de Péronne avait eue à son ayeul en une action qui fut
» d'abord blasmée par le roy pour son entreprise et depuis
» louée pour son zèle; mais enfin réussit au bien de la ville
» de Péronne, comme avoit fait celle de son ayeul; la pre-
» mière ayant conservé l'utilité et la seconde, la religion.

» C'est pour parler à demi-mot de nos désordres qui, sous
» Charles IX, comme l'on eut été contraint d'accorder aux

» Huguenots cette ville de Péronne pour retraite avec exercice
» de leur prétendue religion réformée, (édit d'Amboise 19
» mars 1563) l'urgente nécessité du royaume le requérant
» ainsi..... Le peuple de cette ville qui aimoit autant mourir,
» s'étant jeté entre les bras dudit seigneur d'Estourmel et de
» celui d'Applincourt encore, ils firent tant par leurs prudence
» et vaillance, toujours délayant sous une apparence et
» n'obéyr si promptement, que le roi enfin changea d'advis
» et donna une autre place auxdits sectaires, et pour témoi-
» gner au seigneur d'Estourmel que l'action ne lui était
» désagréable, Sa Majesté l'honora peu de temps après, lors
» de la mort du seigneur d'Humières, de l'estat général en
» chef de Péronne, Mont-didier et Roye. Il s'y maintint
» prudemment pendant les troubles de la Ligue. »

Michel, qui avait préservé Péronne de la contagion des
hérétiques, comme autrefois son aïeul l'avait sauvé des
atteintes d'un ennemi formidable, se montra toujours fidèle
à la Ligue et zélé défenseur de la religion catholique.

En 1589, on le voit avec le sieur de Signey attaquer et
enlever les châteaux-forts de Chaulnes, Falvy, Pargny et
autres, qui étaient opposés à leur parti.

On lit encore dans les Annales de l'hôtel-de-ville de Montdidier, sous la date du 25 octobre 1592 :

« Le seigneur d'Estourmel, gouverneur, fit abattre 400
» arbres pour être employés aux fortifications. On était fort
» menacé d'être assiégé par l'armée du roi, qui n'étoit encore
» connu que sous le nom de roi de Navarre. Il étoit à
» Compiègne, son infanterie à S.t-Just et à Breteuil et sa
» cavalerie à Mortemer et à Vuamontier. Cette disposition
» faisait qu'on ne doutait pas que Montdidier ne fût in-
» cessamment investi; mais le seigneur d'Estourmel a donné
» si bien ses ordres partout, que les ennemis se sont retirés
» peu de temps après. »

Michel qui, par sa première femme, était beau-frère de
S.t-Luc, l'ami de Henri IV, et qui avait épousé en secondes.

noces la nièce du cardinal de Pellevé, l'un des principaux chefs de la Ligue, s'était attaché à ce dernier parti par le seul motif de sauvegarder la Foi catholique dans le Royaume. Mais dès qu'il fut certain que Paris avait ouvert ses portes à Henri IV, par le concours de Brissac, beau-frère de S.t-Luc; et surtout que le roi de Navarre avait abjuré l'hérésie pour s'attacher de bonne foi à l'Église Romaine, il n'hésita plus un instant à se déclarer en faveur de ce prince. Par sa prudence et sa sagesse, il réussit même à ramener les cœurs et les esprits des habitants et sujets des dépendances de son gouvernement à l'obéissance et fidélité dues au nouveau Roi : et Mézérai cite Péronne comme l'une des principales villes qui, dès le principe, se détachèrent du parti du duc de Mayenne.

Ce fut encore à sa demande que le roi Henry (1594) après lui avoir alloué les deniers nécessaires pour travailler aux fortifications de cette place de Péronne, accorda aux habitants de la ville « des Lettres de pacification et abolition » pour toutes leurs démarches en faveur de la Ligue dont » S. M. imposa l'oubli et le silence perpétuel, supprima le » surcroît des impositions dont ils avaient été chargés, » donna main-levée des saisies et confiscations faites sur les » biens des fugitifs et des absents, les rétablit gratis dans » leurs biens, charges et emplois, sous condition de faire » serment de fidélité ès-mains dudit seigneur d'Estourmel. »

Les qualités distinguées de Michel, comme aussi les services éminents de ses ancêtres, lui avaient mérité la confiance et la faveur de Henri IV. Ce monarque le conserva dans son gouvernement et, la même année 1594, il en renouvela la survivance à son fils, le sieur de Surville, par des lettres pleines d'affection et dans lesquelles il reconnaît les bons et recommandables services de Michel d'Estrumel, même pour la réduction des villes de Péronne, Montdidier et Roye, en son obéissance dont elles étaient distraites.... &...

L'année suivante, il le gratifia de vingt-cinq mille écus et le créa chevalier de ses ordres : ce qui était alors une véritable illustration. Car l'institution de l'ordre du S.ᵗ-Esprit ne datait que de 16 années ; Henri IV n'en honora que soixante-dix-sept personnages dans le cours de son règne, et il ne reste plus aujourd'hui, avec les d'Estourmel, que dix-neuf grandes familles qui y aient participé. (1)

En 1565, Michel avait épousé à Lisieux Antoinette d'Espinay-S.ᵗ-Luc, fille de Valeran et de Renée Du Mont, dame de Surville. Son frère, Antoine d'Estourmel-Plainville, avait aussi épousé Anne, sœur d'Antoinette : elles moururent l'une et l'autre avant leurs maris qui tous deux s'allièrent à une veuve, en deuxièmes noces.

La seconde femme de Michel fut Françoise de (2) Pellevé, veuve de Jean de Pisseleu, chevalier, seigneur de Heilly et neveu de la duchesse d'Etampes.

Le Ciel avait élevé Michel à un haut degré de gloire et de prospérité ; mais il ne pouvait le soustraire sans réserve aux épreuves de l'adversité. Il l'éprouva dans ses affections les plus chères en le rendant témoin de la mort de ses deux fils ; *Charles*, qui décéda en 1585, pendant ses fiançailles avec la fameuse Charlotte de Pisseleu, fille de sa belle-mère ; et *Antoine*, son aîné, qu'il perdit en 1603, au moment où une carrière brillante s'ouvrait devant lui. Ces douloureuses circonstances le déterminèrent à céder, moyennant cent vingt mille livres, son gouvernement général (3) à Louis d'Ongnies,

---

(1) Ces familles sont par ordre de nomination celles de Biron, d'Espinay-S.ᵗ-Luc, Matignon, Cossé, Mornay, Choiseul, Montmorency, Rohan, La Trémoille, Chabot, d'Aumont, La Châtre, Durfort-Conflans, Grimonville, L'Archant, Lévis, Faudoas, Champagne, d'Estourmel et Noailles.

(2) Quoiqu'en aient dit les libelles, c'était une famille noble et ancienne, aux armes parlantes. Mézérai rapporte du Cardinal de Pellevé qu'étant couché malade à l'Hôtel de Sens, et ayant appris qu'Henri IV était entré paisiblement dans sa capitale ; il en éprouva une si forte impression, qu'il en mourut dans la journée. Le père Daniel affirme qu'il expira à l'instant même.

(3) On peut voir à la bibliothèque du roi, 2ᵉ paquet, 3ᵉ liasse des M. S. de D. Grenier, qu'elles étaient l'importance et les prérogatives du gouvernement général de Péronne, Montdidier et Roye.

comte de Chaulnes, qui se fraya ainsi le chemin au gouvernement général de Picardie. Il survécut deux ans à son fils
aîné et passa ses derniers jours dans son hôtel d'Estourmel,
à Péronne, dont les habitants entouraient sa noble vieillesse
de reconnaissance, d'estime et de respect. Il mourut le 26
septembre 1605 et fut inhumé dans l'église de S. Fursy. On
y renferma son cœur dans un mausolée en marbre, entre
les stalles et le grand pilier, à l'entrée du chœur de cette
collégiale. A côté de ce monument se trouvaient aussi les
tombeaux de son frère, Louis d'Estourmel, du Frétoy, et de
son cousin, Jean d'Estourmel, seigneur de Fouilloy. Ce
dernier avait fondé dans cette église collégiale la célébration
d'une messe quotidienne, à perpétuité, et celle d'un obit
annuel fixé au 30 mai, pour tous les membres de sa famille,
ses prédécesseurs et successeurs.

L'exposé de cette fondation et les épitaphes de ces trois
seigneurs se voyaient au bas d'un tableau, en date de 1637,
où étaient représentés en divers compartiments : 1.º le fils de
Dieu nourrissant cinq mille hommes avec cinq pains d'orge
et trois poissons ; 2.º J.-C. évangélisant les peuples ; 3.º sa
naissance à Béthléem ; 4.º la manne donnée aux enfants
d'Israël ; et dans le bas, quatre figures symboliques de la
divine eucharistie.

ANTOINE D'ESTOURMEL, fils aîné de Michel, qui avait les
mêmes titres que son père, fut capitaine d'une compagnie de
cent hommes d'armes et gouverneur de Chauny et du Câtelet,
charge qui rapportait 400 écus par an. Il se trouvait en
position de faire une brillante fortune. Par sa mère, il était
d'abord neveu du brave S.ᵗ-Luc, l'ami de Henri IV, son lieutenant en Picardie, grand maître de l'artillerie et beau-frère
du maréchal de Brissac, et ensuite, cousin-germain du maréchal de S.ᵗ-Luc et de sa femme, sœur du maréchal de
Bassompierre ; par son épouse, Madeleine de Blanchefort-
Créqui, il était devenu l'oncle du maréchal de Créqui, duc
de Lesdiguière, et grand oncle des duchesses de Sully et de

Villeroy; enfin Charles d'Estourmel-Plainville, son cousin, avait la charge de capitaine des gardes du corps. Mais il ne paraît pas avoir profité de tous ces précieux avantages.

Le Roi lui-même, en considération des services de Michel, se montrait favorablement disposé à son égard. En 1594, indépendamment de la survivance au gouvernement de Péronne, il lui avait accordé une somme de quatre mille écus d'or pour faire la levée d'une compagnie de cent hommes de guerre, à cheval, armés de toutes pièces, qu'il devait conduire au pays et duché de Luxembourg, auprès du maréchal de Bouillon, pour s'opposer aux forces espagnoles qui menaçaient de faire invasion dans le Royaume.

En 1603, deux ans avant son père, Antoine mourut au château de Templeux, et fut inhumé en l'abbaye du Mont-S.¹-Martin.

On trouve de sa part le singulier engagement qui suit :

« Obligation de 600 écus d'or contractée devant Chastellain
» et Lamiral, notaires du Roi, à Paris, par ledit Antoine,
» seigneur de Surville, et son cousin, Charles, seigneur de
» Plainville, lesquels ont reconnu devoir bien légitimement
» et solidairement l'un pour l'autre, à Gilles Le Maître, che-
» valier, seigneur de Ferrières, pour l'acquisition de deux
» chevaux, la somme de 600 écus d'or; ladite somme paya-
» ble au porteur de la présente aussitôt que l'un ou l'autre des-
» dits débiteurs sera *prêtre, marié, ou mort*... &. — Au verso
» duquel acte est la quittance en date du 9 janvier 1599. »

Antoine, par contrat de mariage passé au château de Moreuil, le 27 octobre 1595, avait épousé Madeleine de Blanchefort, petite-nièce de Guy de Blanchefort, grand-maître de Rhodes après Pierre d'Aubusson, son oncle, fille de Gilbert, grand-maréchal-des-logis du Roi, et de Marie, héritière des Créqui-Canaples, princesse de Poix et sœur d'Antoine que le cardinal de Créqui, son oncle, institua seul héritier des biens de la maison de Créqui, à la charge d'en prendre les nom et armes.

Ils eurent deux filles, Catherine et Marie, dame de Gravelle, et un fils, LOUIS D'ESTOURMEL, BARON DE SURVILLE, en qui s'éteignit la branche aînée de la maison. Comme il avait perdu son père avant sa majorité, il obtint du roi Louis XIII et du consentement de sa mère, le bénéfice d'âge, selon la coutume des lieux, pour entrer, à 18 ans, dans l'administration de sa personne et de ses biens.

Si la carrière du baron de Surville ne fut pas longue, du moins elle ne fut pas sans gloire, au témoignage de La Morlière, son contemporain, qui en parle en ces termes :

« C'est yci celui de Surville qui gentilhomme volontaire » assiste maintenant Sa Majesté en ses guerres d'Italie où il » donne tant de preuves de sa valeur, comme en font le » récit les petits imprimés qui nous viennent de là, traitant » de la prise de Carignan. » (1630)

Le Carpentier dit de même : « Louis, baron de Surville, » exerça plusieurs bonnes plumes par le récit de ses glorieux » exploits qu'il a fait particulièrement paraître dans les » guerres d'Italie. »

L'acte suivant fait trop d'honneur à la piété du baron de Surville envers la Sainte Vierge, pour ne point le relater ici.

« Ledit noble seigneur ayant réfléchi plusieurs fois sur la » protection éclatante dont la sainte Vierge, mère de Jésus-» Christ, avait favorisé ses ancêtres et lui-même, notam-» ment Reimbold d'Estourmel, dit Creton, à là prise de » Jérusalem, lorsqu'il s'y jeta avec les siens sur les assail-» lis, et qu'à son retour en Cambrésis, il fit bâtir sur son » territoire seigneurial une petite chapelle (1) à l'honneur

---

(1) Cette assertion du pieux donateur ne paraît pas bien certaine. Car la chapelle de Moyen-Pont est située dans le Vermandois, près de Marquaix, et n'aurait pu appartenir aux d'Estourmel qu'après la cession qui leur a été faite de cette seigneurie par Robert de Mailly, en 1491, comme on l'a rapporté plus haut. Voir l'hist. de l'arrond. de Péronne, p. 563, où il est dit que ce sanctuaire fut élevé, à l'époque des croisades, par des seigneurs du voisinage, sans qu'on en connaisse le nom.

> de la Reine des Anges, dite la chapelle de N. D. de Moïen-
> pont, dans laquelle plusieurs miracles se sont opérés ; et
> enfin considérant que ladite chapelle n'étoit point dotée,
> et qu'il n'y avoit personne qui en eût le soin que l'on
> devroit avoir pour y faire célébrer un service par chacune
> année ; pourquoi ledit noble Seigneur, comme successeur
> et descendant dudit noble Seigneur qui l'avoit fait bâtir ;
> après une mûre délibération, de sa pure, franche et libé-
> rale volonté, a donné et donne par ces présentes à ladite
> chapelle de N. D. de Moïenpont et à celui qui la desservira,
> la quantité de cinquante journaux de terres labourables
> sis sur le territoire de Driencourt, lui appartenant.... Fait
> et passé.... à Roye, le 26 août 1619. »

Louis, baron de Surville, mourut à Paris en 1631 ; son
épouse, Marthe de Neufbourg, le suivit de près au tombeau :
ils laissèrent deux filles, dont l'une, *Catherine d'Estourmel*,
prit le voile chez les Carmélites à Paris, et l'autre, *Marthe*,
dame et héritière d'Estourmel-Surville, devint fille d'honneur
de Madame et s'allia, en 1650, à Gilles d'Hautefort, comte
de Montignac, capitaine, puis lieutenant-général des Gendarmes d'Orléans et enfin de la Reine dont il fut le premier
écuyer.

Ce mariage eut une grande célébrité, car la Gazette de
Loret lui consacra cet article :

> « Après maintes peines diverses,
> Soucis, embarras et traverses,
> Enfin domptant son mauvais sort,
> Montignac, cadet d'Hautefort,
> Contracte, lundi, mariage
> Avec une fille fort sage,
> Jeune, aimable et de bon renom,
> Qui de Surville avait le nom :
> Agréable de corps et d'âme
> Et fille d'honneur de Madame. »

C'était d'ailleurs un riche et brillant parti que celui de

Marthe, unique héritière des biens considérables des d'Estourmel-Surville qu'elle apporta en dot au comte de Montignac qui, de son côté, hérita le titre et la fortune de son frère aîné mort sans alliance. Le chevalier de Scomberg, duc d'Halluin, pair et maréchal de France, était marié à Marie d'Hautefort qui reçut de la main de Louis XIII deux lettres où il lui proposait la charge de dame d'honneur de la Dauphine.

Marthe d'Estourmel, marquise d'Hautefort, après avoir eu quinze enfants, mourut à Paris en 1701 et y fut inhumée au couvent des Filles de Ste-Marie dans lequel deux de ses filles étaient religieuses et d'où son épitaphe a été transférée dans la chapelle de Suzanne.

Ses autres principaux enfants, furent : *Marie-Aimée*, qui épousa son parent Louis II, marquis d'Estourmel-Suzanne, le *marquis d'Hautefort*, marié à mademoiselle de Pompadour, le *marquis d'Hautefort-Surville*, lieutenant-général, époux de mademoiselle d'Humières; le *chevalier d'Hautefort*, lieutenant-général, *Marie-Thérèse d'Hautefort*, alliée au marquis de Montmorency-Laval.

De ces quinze enfants, dont huit garçons, il ne restait en 1720 qu'un seul rejeton et héritier, Emmanuel d'Hautefort, qui épousa en 1727, Madeleine de Durfort-Duras : ils eurent pour fils Emmanuel d'Hautefort.

Au mois d'août 1856, M. Victor Cousin a publié 2 volumes in-8° avec portraits, ayant pour titres : MADAME DE HAUTEFORT ET MADAME DE CHEVREUSE ; ou nouvelles études sur les femmes illustres de la société du XVIIe siècle.

BRANCHE COLLATÉRALE D'ESTOURMEL-PLAINVILLE.

ANTOINE D'ESTOURMEL, frère de Michel et troisième fils de Jean d'Estourmel-Surville, devint l'auteur de la branche de Plainville qui ne dura que deux générations. Par sa mère, Marie de Habarcq, il était devenu seigneur de Plainville,

Coulmelle, Broye, &... Il fut chevalier de l'Ordre du Roi, gentilhomme ordinaire de sa chambre et obtint l'honneur d'être député de la noblesse du gouvernement général de Péronne, Montdidier et Roye aux États-Généraux tenus à Blois en 1588. Comme on l'a vu plus haut, il avait épousé : 1.º en 1567 Anne d'Espinay-S.ᵗ-Luc, sœur d'Antoinette, mariée à son frère Michel ; et 2.º Marie Canaye, veuve de Louis de Gouy, seigneur de Campremy.

De sa première femme seulement il eut deux enfants : 1.º *Anne de Plainville*, mariée à Louis du Chemin, seigneur du Mesnil, puis au seigneur de Monceaux, et d'après une autre version, à Antoine de Fricourt, seigneur de Contalmaison. 2.º *Charles*, le dernier des Plainville, qui eut assez d'illustration. Il fut mestre-de-camp de mille hommes de pied, gouverneur de la ville de Corbie, capitaine de la compagnie écossaise des gardes-du-corps en 1612 et conseiller d'épée en tous les conseils d'État et privé. La noblesse du gouvernement général de Péronne, Montdidier et Roye le nomma, comme son père, député aux États-Généraux tenus à Paris en 1614.

La charge de capitaine des gardes-du-corps était un emploi très-distingué à cette époque. Dans le règne suivant on voit M. de Noailles obtenir, comme avancement, le commandement des gardes écossaises et arriver ainsi à la dignité de duc et pair ; ce que remarque fort bien S.ᵗ-Simon dans ses Mémoires, T. 20, P. 478.

Ce fut en sa qualité de capitaine des gardes-du-corps que Charles d'Estourmel, dit M. de Plainville, reçut de la reine régente, Marie de Médicis, l'ordre bien grave d'arrêter et de retenir en surveillance César de Vendôme dont les démarches inspiraient de justes soupçons.

M. de Capefigue, dans son ouvrage intitulé : *Richelieu et la Fronde* (1), cite, à ce sujet, ce bulletin manuscrit de Béthune daté de 1614.

---

(1) Tome I, page 155.

« Le lendemain, jour de Carême prenant au soir, la
» Reine ayant avis que le duc de Vendôme était de la partie
» l'avoit fait arrêter dans le Louvre par le seigneur de Plain-
» ville, capitaine des gardes-du-corps, qui lui avait donné
» des archers pour le garder dans sa chambre où l'on fit
» mettre des barreaux de fer aux fenêtres. »

Cette circonstance fut sans doute la cause injuste de l'irri-
tation que dans la suite M. de Beaufort, fils du duc de Vendôme, manifesta contre les d'Estourmel du Frétoy.

Charles, en 1599, avait épousé Anne Gobelin, fille de
Balthasar, président de la Chambre des Comptes à Paris, et
dont la famille, plus connue sous le nom de Brinvilliers,
n'offre de remarquable, dit le P. Anselme, que la fameuse
marquise dont le mari s'appelait Thomas Gobelin.

Dans un ouvrage ancien, extrêmement rare aujourd'hui,
intitulé : *Paris ancien et nouveau*, par Dom Félibien, T. 1,
P. 541 (1685), on lit à l'article des Religieuses Feuillantines :

« Ces religieuses furent transférées de Toulouse à Paris
» l'an 1622, à la recommandation de la Reine, Anne d'Au-
» triche, épouse de Louis XIII. Le 28 novembre de la même
» année, elles prirent possession des lieux où elles sont à
» présent au Faubourg S.ᵗ-Jacques. Anne Gobelin, femme
» de Charles d'Estourmel, chevalier, seigneur de Plainville,
» conseiller d'État..., gouverneur de Corbie et capitaine des
» gardes-du-corps de Sa Majesté, fut leur principale fon-
» datrice. »

M. de Plainville était aussi affectionné, que son épouse, à
l'ordre des Feuillants. Dom Grenier, dans ses notes manus-
crites, le donne pour le fondateur de ceux de la ville
d'Amiens.

Charles de Plainville, né en 1570, mourut environ vers
1618, sans postérité légitime, comme on peut en juger par
ses deux testaments de Paris et de Plainville.

Après quelques legs particuliers au sieur de S.ᵗ-Sernin,
l'un de ses gentilshommes, au sieur de Fontaine, son écuyer,

à ses hallebardiers de Corbie et à huit domestiques de sa maison, etc., le testateur demande expressément d'être enterré à Plainville, dans la chapelle où reposent ses ancêtres. Ainsi cette terre de Plainville comme celles de Coulmelle et Broye, à peu de distance de Montdidier, fut possédée pendant près d'un siècle par la maison d'Estourmel.

⸺⸺ ⊂⊫⊛⊧⊃ ⸺⸺

Branche collatérale d'Estourmel-Frétoy.

Frétoy, écrit irrégulièrement Fréton, Fretoir, Frottoir même, dans les mémoires du XVIIe siècle principalement, est une terre sise à l'extrémité du département de l'Oise, entre Nesle, Roye et Noyon. Les seigneurs de la branche dite de Frétoy ont soutenu avec une grande distinction l'honneur de la maison d'Estourmel à laquelle ils appartenaient. L'auteur en fut Louis d'Estourmel, frère de Michel et d'Antoine de Plainville, et quatrième fils de Jean de Guyencourt-Surville.

Louis d'Estourmel-Frétoy fut seigneur du Frétoy, du Plessier-Cacheleu, de Hamel-lès-Corbie, Candor, Flavy-le-Martel, Manancourt, Escordal, Neuf-Visy, &..

Il embrassa la carrière des armes; mais comme il mourut dans un âge peu avancé (1593) il n'est fait mention que de ses titres de chevalier de l'ordre du roi, de gentilhomme ordinaire de sa chambre, d'enseigne d'une compagnie d'armes et de député de la noblesse du Vermandois aux états généraux de Blois en 1588.

Il avait épousé en 1567 Jeanne de Treppe, dame de Neuf-visy, dont il eut quatre filles: *Blanche* qui devint abbesse de Biaches, près Péronne; *Anne*, qui épousa François d'Esevelles, gouverneur de Château-Regnaud; *Claude* et *Louise*, mariées à Jacques d'Ambly, gouverneur de Mezières et à François de S.¹ Vincent, gouverneur de Mont-Cornet, et Louis, chevalier,

seigneur du FRÉTOY, leur fils unique, (xxᵉ degré) qui eut les
mêmes seigneuries et dignités que son père. Mais les exploits
militaires de Louis sont plus éclatants; les historiens le citent
avec éloge.

  « Le duc de Longueville et Lanoue, dit Mézérai, année
» 1589, viennent pour secourir Senlis assiégé par le duc
» d'Aumale; le secours n'étoit que de 1200 hommes de pied
» et 800 chevaux; mais parmi cela grand nombre de jeune
» noblesse, entr'autres le comte de Maulevrier, d'Humières,
» de Gouffier, Louis d'Estourmel du Frétoy, &... la plupart
» jeunes gentilshommes dont le courage donnoit bonne opi-
» nion d'un heureux succès : mais retenoit Lanoue de ne
» pas hazarder tant d'illustre sang dans une partie qui sem-
» bloit si inégale.—Ainsi encore le P. Daniel, T. 9, P. 388.

Dans la vie du brave Lanoue, dit *Bras de fer*, on voit de
même : que Louis d'Estourmel du Frétoy est cité parmi les
jeunes seigneurs de l'armée royaliste qui, en 1589, à la
vue de l'armée ennemie montrèrent une si grande allégresse
et une si belle ardeur de combattre, qu'ils semblaient déjà
avoir la victoire dans leurs mains. Cette bataille de Senlis,
où Louis du Frétoy montra tant de courage, eut une grande
influence sur les destinées de la cause royale, comme le
témoignent ces premiers mots de la Charte de Henri IV
aux habitants de Senlis : *Mon heur a prins commencement à
Senlis...* &.

Louis se distingua encore à la bataille où l'armée française
mit en déroute les Espagnols, auprès de la ville d'Ast, en
Piémont : il en est fait honorable mention dans nos Mercures
français, dit La Morlière.

Par brevet du 1.ᵉʳ juin 1620, Louis XIII lui avait accordé
une pension de trois mille livres, en récompense de ses services. Louis décéda au château du Frétoy en 1632 et y fut
inhumé dans l'église paroissiale, ainsi que Françoise de
Blanchefort, sœur de la baronne de Surville ci-dessus, qu'il
avait épousée à Moreuil en 1597 et qui ne mourut qu'en 1652.

Ils eurent quatre filles et deux fils dont le cadet fut lieutenant aux gardes-françaises et mourut à La Rochelle en
1638; *Blanche* succéda à ses tantes dans la dignité d'abbesse
de Biaches; la seconde fille devint religieuse au Paraclet, à
Amiens; *Catherine* épousa en 1631 le seigneur de Hauteuille,
vicomte de Voisage-en-Laonnois, et une autre ayant aussi le
nom de *Blanche* entra dans la noble maison de Caulaincourt
par son mariage (1621) avec Robert, chevalier, seigneur de
ce nom, dont un des descendants mérita, sous l'Empire, le
titre glorieux de duc de Vicence. (1)

Antoine d'Estourmel-Frétoy, 1.er *marquis du nom*, (XXIe
degré), était baron de Neufvisy-Sermaise et possesseur de
douze importantes seigneuries, lorsqu'il obtint l'érection de
Frétoy en marquisat dont les deux titulaires eurent beaucoup de célébrité jusqu'à l'extinction de cette branche dans
la génération suivante.

Antoine, marquis du Frétoy, fut gentilhomme ordinaire
de la chambre du roi, premier gentilhomme et chambellan
de Monsieur, frère du roi, capitaine-lieutenant des chevau-
légers d'Orléans et chevalier de l'ordre insigne du S.t-Esprit,
par brevet de Louis XIV du 10 mai 1646.

Dans les mémoires du temps par M.de d'Orléans, par M.de
de Motteville, et dans l'histoire de la Fronde, on trouve cité
un M. du Frottoir (qui n'est autre qu'Antoine) qui dînait chez
Renard avec d'autres ennemis des Frondeurs, lorsque M. de
Beaufort vint les surprendre. Il y est dit qu'il enleva même
à M. de Frétoy son épée dont il semblait vouloir faire usage;
mais qu'il la lui rendit ensuite en disant : que ce n'était pas
à lui qu'il en voulait, &...

A la suite de cette réunion, il y en eut une autre plus importante encore où figura également le marquis du Frétoy:
elle avait pour but de protester contre les prétentions de la

---

(1) C'était pour la 2.e fois que la maison d'Estourmel s'alliait à celle de
Caulaincourt dont la branche cadette possède encore Le **Frétoy**.

nouvelle noblesse. Les cent soixante-sept seigneurs qui la composaient rédigèrent, à ce sujet, un traité d'union sous le titre d'*Association faite par les seigneurs de la plus haute noblesse du royaume*, &... Paris 1649. (1)

Antoine avait épousé en 1632 Françoise de Choiseul, fille de David, baron de Lanques et de Anne de Villermin.

Mademoiselle d'Orléans dans ses mémoires (2) parle d'une négociation dont fut chargée auprès d'elle Françoise de Choiseul, marquise du Frétoy, de la part de M. de Lorraine dont elle était la confidente. Il s'agissait de demander la main de Mademoiselle pour le neveu du duc de Lorraine qui offrait de lui céder tous ses États. Cette négociation, qui laissait d'abord concevoir des espérances, ne fut point couronnée de succès.

Par acte authentique du 2 mai 1670, Antoine après avoir été mis en possession de la vraie Croix, comme aîné et chef du nom et armes d'Estourmel, s'engagea à la remettre aux enfants de Marthe, marquise d'Hautefort, dans le cas où il n'aurait point de postérité masculine.

Il décéda à Paris en 1670 et sa femme en 1671 : leurs quatre enfants eurent une belle et noble existence.

Marie-Charlotte, par suite de la position de sa mère, se maria en Lorraine à Gaston de Tornielle, marquis de Gerbervillers et gouverneur de Nancy. Son portrait et celui de sa cousine de Galard, abbesse du Clairet, forment un digne entourage à celui de Fénélon au château de Suzanne; car la marquise de Gerbervillers était d'une éminente piété et mourut en odeur de sainteté au couvent de la Visitation, à Nancy, où elle s'était retirée après la mort de son époux.

Louis-Claude, marquis du Frétoy, fut mestre-de-camp de Son Altesse Royale en Languedoc. La Gazette du 1.er sep-

---

(1) Dans ses mémoires, T. 14, p. 477, S.' Simon donne le texte de cette association qu'il approuve.
(2) T. 5, p. 34.

tembre 1654 le cite avec éloge pour son courage dans l'attaque des retranchements ennemis devant Arras. Il n'avait pas encore contracté d'alliance, lorsqu'il succomba glorieusement au siège de Candie en 1661.

Son frère cadet Louis d'Estourmel lui succéda, après avoir cédé son titre d'abbé commendataire de N. D. des Roches, ordre de S. Bernard, du diocèse d'Auxerre, à son plus jeune frère *Gaston Creton-d'Estourmel*.

Celui-ci qui sans doute fut appelé Gaston, comme filleul de Monsieur à la maison duquel son père était attaché, et qui aussi avait fait revivre le nom de Creton, était encore chevalier de S.¹ Jean de Jérusalem en 1649 et garde-marine en 1670 : il mourut sans alliance.

Louis fut l'auteur de la dernière génération masculine des marquis du Frétoy et décéda en 1685, quinze ans après son mariage avec Anne Brulart, fille de Nicolas, seigneur du Boulay, chambellan de Monsieur et sixième fils de Pierre Brulart qui acquit la terre de Genlis dont sa branche prit le nom. Cette famille était considérable ; elle fit des alliances distinguées et parut avec éclat dans le clergé, dans la magistrature, la diplomatie et la carrière des armes. Comme bien d'autres nobles familles, elle s'éteignit sur l'échafaud, en 93, par le supplice du marquis de Sillery dont la veuve, décédée en 1832, a joui d'une grande illustration littéraire.

Anne Brulart était aussi nièce de l'abbé de Joyenval, ambassadeur à Venise et à la diète de Ratisbonne, et du seigneur de Broussais dont Boileau, dans son épître à Lamoignon, a fait connaître la célébrité gastronomique.

« Broussais, dès l'âge le plus tendre,
» Posséda la sauce à Robert,
» Sans que son précepteur lui pût jamais apprendre
» Ni son Credo, ni son Pater. . . . . . .
» Là, sans s'assujettir aux dogmes de Broussais,
» Tout ce qu'on boit est bon, tout ce qu'on mange est
[sain... »

5.

Ils eurent trois enfants : *Louis* qui fut garde-marine et capitaine de vaisseau, mort sans alliance en 1696.

(1) *Charles* qui décéda en 1754 chanoine de la cathédrale
de Noyon et *Anne Louise*, dame et héritière du marquisat du
Frétoy qu'elle reporta dans la branche d'Estourmel-Fouilloy,
par son mariage avec Jean-Joseph d'Estourmel (XXII.e degré)
chevalier, comte de Thieux, fils aîné des sept enfants de
Louis, comte de Thieux et de Suzanne, qui sera mentionné
à la branche de Fouilloy et dont la postérité est ici continuée
dans les deux derniers comtes de Thieux qui prirent dès lors
le titre de marquis du Frétoy.

JEAN JOSEPH, comte de Thieux, seigneur d'Hondainville,
devint encore marquis du Frétoy, baron de Sermaise et
seigneur de Candor, Flavi-le-Martel, Campagne, Chevilly,
Grédanville, Catigny, Dominois, le Boulay, Obsonville en
Gatinois, etc., par son mariage aussi riche, que distingué,
avec Anne-Louise, héritière du Frétoy, (2) à Paris le 30
mars 1695.

Après la mort de son père et en considération de ses services, il fut nommé gouverneur du Crotoy et lieutenant des
gardes-françaises. Des lettres de Louis XIV, en date de 1696
et 1697, l'avaient établi en la charge de capitaine garde-
côtes depuis la rivière d'Authie jusqu'à la Somme, à cause
de sa valeur au fait des armes et de la marine, &... et avaient
ordonné qu'en qualité de gouverneur du Crotoy, il jouirait
de trois minots de sel et de quatre arpents de taillis dans la
forêt de Crécy, pour son chauffage.

Jean-Joseph était décédé avant le 10 juin 1712, date d'un
acte de tutelle accordée à sa veuve pour ses cinq enfants

---

(1) Dom Grenier, contemporain de Charles, le cite comme étant
possesseur de la relique de la vraie Croix enchâssée dans une croix d'argent
dentelée, ou plutôt cretelée, à cause du nom de Creton dont il fait l'éloge
avec celui de la maison d'Estourmel. Manuscrits de la Bibl. du roi, 19e
paquet, 1re liasse.

(2) Voir la note 4e.

mineurs : *Marie-Jeanne*, *Élizabeth*, *Marie-Adélaïde* et *Louise*
qui ne contractèrent point d'alliance ;

Et LOUIS-AUGUSTE, le dernier des comtes de Thieux et des
marquis du Frétoy, en qui avant de s'éteindre cette branche
jeta un si vif et brillant éclat.

Par lettres de Louis XV, en date de 1722, il fut confirmé
dans la charge de gouverneur du Crotoy qu'il avait déjà ob-
tenue en 1711, dès l'âge de quinze ans. A 26 ans, il était
capitaine au régiment de Toulouse, cavalerie, et c'est à
partir de cette époque que Pinard (1) fait, comme il suit,
l'énumération de ses exploits militaires, dans les grandes
guerres de la succession :

« Il commanda sa compagnie au camp de la Meuse en 1727
» et 1730. Major de son régiment en 1732, il servit aux
» sièges de Gerra, d'Adda, de Pizzighetone et du château
» de Milan en 1733 ; à ceux de Tortose et de Novarre, à l'at-
» taque de Colorno, aux batailles de Parme et de Guostalle,
» où il fut blessé, en 1734 ; aux sièges de Reggio, de Revero
» et de Gonzague, en 1735, il reçut en 1740 le titre de che-
» valier de Saint-Louis et d'enseigne, avec commission de
» mestre-de-camp des gardes du Roi, et se trouva à la ba-
» taille de Destingen le 17 juin 1743 et devint lieutenant de
» sa compagnie le 4 août suivant. Il servit aux sièges de
» Ménin, d'Ypres, de Furnes, prit une part honorable à
» l'affaire d'Auguenum et au siège de Fribourg en 1744, à
» la célèbre bataille de Fontenoy, aux sièges de Tournay,
» d'Audenarde, de Denremonde et d'Ath en 1745 ; en 1746,
» il accompagna le Roi en Flandre où il servit jusqu'en 1748
» et où il fut nommé maréchal-de-camp dans l'armée des
» maréchaux de Saxe et de Luxembourg. Il fit la campagne
» d'Allemagne en 1757 ; se trouva à la bataille d'Astembeck
» et à la prise d'Hanovre, et quitta le service en 1760 pour
» retourner à son gouvernement du Crotoy. »

_____

(1) T. 7, p. 135.

En 1762, le duc de Choiseul lui avait confié la charge de recevoir chevalier de Saint-Louis, au nom de Sa Majesté, le sieur Le Vacher de Montigny, l'un des gardes-du-corps.

Louis-Auguste se maria deux fois, et fit deux alliances également nobles et distinguées. En premières noces, il épousa, à Paris, le 24 juin 1744, Gabrielle-Madeleine Marc de la Ferté, fille de Marc, chevalier, seigneur de Reux, et de Marie-Madeleine de Rezay. (1)

En 1750, il s'allia en secondes noces, avec l'agrément et permission du Roi, de la Reine, du Dauphin, de la Dauphine, des Seigneurs et Dames, les enfants de France, des Princes et Princesses du sang royal, à Catherine-Louise de Lamoignon, veuve du marquis des Marets, grand fauconnier de France. (2)

Ce mariage était sur le point de manquer, parce qu'un ancien usage de la cour n'accordait point aux gardes-du-corps l'honneur de présenter leurs femmes au Roi, surtout la veuve du marquis des Marets qui avait déjà obtenu cette distinction. Mais il fut fait une première exception à cet usage en faveur de Louis-Auguste, en considération de l'ancienneté et de la noblesse du nom d'Estourmel.

Louis-Auguste, marquis du Frétoy, eut un enfant de chacun de ces mariages; mais ces deux fils moururent en bas âge, et avec eux s'éteignit sa postérité et la branche de Thieux-Frétoy. (3)

---

(1) M.me de Stael, dans ses mém. t. 1, p. 93, raconte la course charmante qu'elle fit avec M.lle de la Ferté, nièce d'un président au parlement de Rouen..... jusqu'à Reux, au château de M. de la Ferté qui représentait dans sa forme un R gothique, ainsi que beaucoup d'autres châteaux de Normandie figurant la première lettre du nom de leurs seigneurs. Elle ajoute que jamais un aussi beau paysage ne s'était offert à ses yeux.....

(2) Voir note 5.

(3) Voir note 6.

BRANCHE SEULE SURVIVANTE

D'ESTOURMEL-FOUILLOY, HERVILLE ET THIEUX.

Pour compléter cette notice, il convient de remonter au XVIIIe degré et de continuer jusqu'aujourd'hui la dernière branche des d'Estourmel, dite de Massy et Fouilloy, la seule qui ait survécu à toutes les autres.

ANTOINE D'ESTOURMEL, qui en fut la souche, était fils du célèbre Jean III et frère de Jean IV de Guyencourt-Surville qui donna naissance aux chefs de Plainville et de Frétoy. Antoine vivait vers le milieu du XVIe siècle, sous le nom de baron de Massy, chevalier, seigneur de Fouilloy, Guibermesnil, Courtebonne, &... Il remplit des emplois considérables à la cour, aux armées et dans les finances dont, après son père, il fut nommé trésorier-général pour la Picardie, la Champagne et la Brie.

Malgré le jugement arbitral rendu par leur tante Gertrude en faveur de Michel, son cousin, et dont il a été parlé plus haut, la moitié de la seigneurie d'Estourmel n'en continua pas moins d'appartenir à Antoine, comme le prouvent deux dénombrements successifs qu'il en donna en 1559.

En 1562, Antoine fut nommé gouverneur et bailly d'épée de la ville d'Amiens par Charles IX qui lui accorde les honneurs, autorités, prérogatives, prééminences, franchises, libertés, gages et émoluments accoutumés et attachés audit office, ainsi qu'en jouissait avant lui messire Jean de Lannoy, seigneur de Morvillers. — L'acte fut donné par le Roi, sa mère présente.

La Morlière le cite, sous le nom d'*Anthoine d'Estourmel*, *baron de Massy, seigneur de Creton et de Guilbertmesnil*, &., au nombre des seigneurs de marque et de bonne maison que la ville d'Amiens compte parmi ses capitaines.

Avec la permission du Roi, il résigna son office de gou-

verneur d'Amiens à Antoine de Rune, seigneur de Baizieux.
Il fit cette cession le 13 décembre 1567, le même jour où
Charles IX lui accorda le titre de gentilhomme ordinaire de
sa chambre « en récompense des bons et loyaux services
» rendus par ledit seigneur aux Rois prédécesseurs et à
» sadite Majesté, notamment en la conservation de la ville
» d'Amiens. »

Le même monarque lui adressa deux lettres, en date du
13 novembre 1568 : dans l'une, il le prévient qu'il l'a nommé
chevalier de l'ordre de S.ᵗ Michel, en récompense de ses
services ; et dans l'autre, il lui demande d'assister M. de
Piennes, lieutenant-général de Picardie, en toutes occasions
concernant les affaires de Sa Majesté.

Antoine était décédé avant le 13 avril 1569, date d'un acte
de tutelle accordée à sa veuve Louise de Hames. Dom Grenier
parle ainsi de sa mort, sans en fixer l'époque : (1)

« Et mourut ledit seigneur d'Estourmel, et est enterré
» dans le chœur de l'église canoniale de Fouilloy (de la Pré-
» vôté d'Amiens près Corbie). La tombe qui était sur la fosse
» dudit seigneur a été brisée et rompue au siège de Corbie,
» quand l'église a été brûlée au mois d'août 1636. Madame
» Louise de Hames, sa femme, est décédée à Abbeville et
» est enterrée aux Minimes dudit lieu. »

(2) Louise de Hames était fille d'Antoine de Hames, dame
d'Ailly et sœur d'Antoine d'Ailly, seigneur de Varennes. En
1546, elle avait épousé, en premières noces, Jean de Bou-

---

(1) M. S. de la bibl du roi, 19ᵉ paquet, 2ᵉ liasse.
(2) La maison de Hames, comme celle de Bournonville, descendait des
comtes de Guines, d'après M. Bignon, intendant de Picardie. Louise,
dit-il, était héritière de cette maison avec sa sœur Marie, épouse de Louis
d'Halluin-Fouilloy ; après qu'elle se fut éteinte à Raineval, elle passa par
une fille en la maison d'Ailly et une autre l'a portée en celle de Hames
d'où une héritière l'a fait passer en la maison d'Estourmel. T. 2, p. 205.
La noble maison de Fouilloy, dit la Morlière, qui est maintenant unie
par alliance à celle d'Estourmel, tiroit son extraction de la ducale maison
de Croy. (Antiquit. p 59).

laïnvillers, seigneur de Guibermesnil. Par contrat passé à Amiens en 1556, elle épousa, en secondes noces, Antoine d'Estourmel auquel elle apporta en dot les seigneuries de Fouilloy et Herville, près Corbie, dont elle était dame et héritière.

« En 1573, lors de son veuvage, Charles IX lui accorda
» une sauvegarde pour qu'il ne lui fût fait aucun mal en ses
» biens et possessions pris et mis sous la sauvegarde du
» Roi ; faisant défense à toutes personnes de la troubler,
» sous peine de dix livres d'amende. »

Peu après, Louise de Hames se maria, en troisièmes noces, à Petre-Jehan d'Amiens de Bachimont, écuyer, seigneur de Fontaine-lès-Talon, avec l'assistance du Cardinal de Créqui, évêque d'Amiens, prince de Poix, baron de Dompierre. Elle n'eut d'enfants que d'Antoine d'Estourmel : trois filles et deux garçons.

Anne la première des filles naquit à Amiens dans la maison épiscopale, le 2 avril 1559 ; elle eut pour parrains le révérend père en Dieu, Messire Antoine de Créqui, évêque de Thérouanne et messire Louis d'Ailly, Vidame d'Amiens ; et pour marraines, ses deux tantes, abbesse et prévôte de Nivelle ; et épousa en 1579, Adrien de Lameth, seigneur de Hénencourt. Les deux autres furent mariées : *Gabrielle*, à Paul d'Acheux, chevalier, seigneur de Plouich en 1586, et *Claude*, à François de Bacouel, chevalier, seigneur de Lancière.

Avant de continuer la ligne directe par Jean IV d'Estourmel, l'aîné des garçons, il est à propos de suivre CHARLES D'ESTOURMEL, son frère, dans la ligne indirecte d'Herville et Thieux dont il fut le chef, jusqu'à l'époque où nous l'avons vue se confondre et s'éteindre avec celle du Frétoy.

Charles Ier *d'Estourmel* (XIXe degré) seigneur d'Herville et de Thieux, terre sise entre Montdidier et Beauvais, fut capitaine dans le régiment de Charles de Plainville, son cousin. En 1597, il épousa Antoinette de Liévin, dame et héritière de Thieux; et après sa mort prématurée, vers 1611, sa veuve se remaria en 1615 à Charles de Jaubourg, chevalier, seigneur du Quesnel. Ils eurent trois filles; *Antoinette*, décédée sans alliance; *Anne*, religieuse aux Ursulines de Montdidier; *Marie*, née posthume, religieuse à Biaches, et un garçon, CHARLES II D'ESTOURMEL d'Herville et de Thieux qui n'eut de remarquable que son alliance à Moreuil, en 1627, avec Marguerite de Gomer, fille du seigneur de Quevauvillers et d'Élisabeth de Gournay.

Ils eurent dix enfants dont les quatre derniers furent : *Joachine*, mariée à Jean, seigneur de Tiverny, *Ursule* et *Catherine*, toutes deux bénédictines à Ardres et *Anne*, sans alliance.

Des six garçons, *François* devint chanoine de St Quentin et prieur de N. D. de Bonne Victoire, à Noyon; *Adrien*, prévôt de Mesnil-en-Arrouaise; *Charles*, prieur de St-Valgy, à Soissons; *Antoine*, capitaine, puis major du régiment d'Espagny et décédé sans alliance; enfin, Louis et Philippe dont il va être fait mention.

PHILIPPE D'ESTOURMEL prit seul et continua le nom d'Herville qui s'éteignit dans ses quatre enfants : *Louise*, mariée à François de Brosses, seigneur de Mélicourt, *Élisabeth*, qui mourut célibataire auprès de son frère *Charles d'Herville*, chanoine de Noyon jusqu'à 1754, et *Hyacinthe d'Estourmel-Herville*, nommé aussi seigneur de Tocqueville, d'une terre héritée de sa mère, qui devint capitaine de vaisseau, se distingua sur *l'Orphée* dans un combat naval livré aux Anglais, et mourut à Brest avec le grade de commissaire-général de la marine. (1)

Philippe, le dernier d'*Herville*, avait épousé à Mouy, en 1677, Catherine, de l'illustre maison de Boullainvilliers, de même origine que celle des Croy.

_____

(1) On trouve encore un autre d'Herville, Gabriel, qui fut garde-marine et mourut à St-Domingue.

LOUIS D'ESTOURMEL, frère aîné de Philippe (XXIᵉ degré), prit seul de son côté le titre de comte de Thieux. Sa mère, Marguerite de Gomer, du consentement de son mari, lui avait fait donation de la terre de ce nom qu'il avait déjà en partie.

Louis fut capitaine au régiment du roi, cavalerie; gouverneur des château et ville du Crotoy, dont ses descendants ont toujours porté le titre, et chevalier de l'ordre du roi. Son brevet de nomination le désigne comme chevalier de S.ᵗ Michel, distinction qui s'accordait encore à cette époque, quoique l'ordre du S.ᵗ Esprit fût institué depuis déjà près d'un siècle. Ainsi sous Henri IV et Louis XIV, MM. de Surville et de Thieux avaient le cordon noir, tandis que Michel et Antoine du Frétoy étaient décorés du cordon rouge.

En 1668, il céda à François de Gouy, marquis de Cartigny, sa charge de capitaine qui, en 1652, lui avait mérité une pension de deux mille livres de la part de Louis XIV.

Une lettre de Colbert lui ordonne de faire raser immédiatement le château du Crotoy, et d'affecter une somme de trois mille livres à cette démolition dont les matériaux lui furent accordés à titre de don, par brevet de 1675 (1)

En 1678, Isabelle d'Orléans, duchesse d'Alençon, Guise et Angoulême, comtesse de Ponthieu, lui accorda la vicomté du Crotoy dont il avait le gouvernement.

Louis avait épousé à Beauvais, en 1654, Marguerite Suzanne Le Maire de Boulau, veuve de Charles de Boullainvilliers, fille de Henri, seigneur de Lys, gouverneur de Caen, et de Suzanne de Torcy dont le frère, seigneur de la Tour, était gouverneur d'Arras. De leurs sept enfants, trois, *Madeleine*, *Élisabeth* et *Marie* n'eurent point d'alliance; deux, *Adrienne* et *Génevieve* furent religieuses, l'une à Variville,

---

(1) Le Crotoy était une forteresse importante dont les Anglais avaient jeté les fondements vers 1369: le P. Sanson prétend qu'elle avait des caractères de ressemblance avec la Bastille.

dépendance de Fontevrault, et l'autre à S.ᵗ-Paul de Soissons, *Benoît*, le 2.ᵉ fils, devint chevalier de S.ᵗ-Jean de Jérusalem, et *Jean-Joseph*, l'aîné, continua la branche des marquis du Frétoy, comme on l'a vu, page 62.

Il ne reste plus qu'à esquisser l'histoire des autres personnages de la branche survivante d'Estourmel-Fouilloy qui a été interrompue à Jean IV, fils aîné d'Antoine, comte de Massy et frère de Charles, auteur des Thieux-Herville.

JEAN IV D'ESTOURMEL, premier Seigneur de Fouilloy, se montra le digne fils d'Antoine et ne dégénéra point de l'illustre Jean III dont il portait le nom. Comme Anne, sa sœur aînée, il naquit à Amiens, le 6 février 1558, dans le palais épiscopal où résidait son père, en qualité de gouverneur de cette ville, et fut baptisé, le 19, dans l'église S.ᵗ-Firmin, par Monseigneur de Brou. Il est cité sous le nom de Jean IV d'Estourmel, chevalier, seigneur de Fouilloy, Boffles, Bana, Cappy, Veilly, S.ᵗ-Georges, vicomte de Cauliers, Sutennel et Mesnil-Huchon, &... Il fut l'un des quatre seigneurs de la maison d'Estourmel qui signèrent la ligue de Péronne.

Par deux actes successifs de 1585, sa mère, Louise de Hames, lui avait fait donation anticipée : 1.º de plusieurs rentes, et des terres de Fouilloy, S.ᵗ-Martin et Herville, &., tenues en fief du vidame d'Amiens, pour en jouir après son décès ; et 2.º d'une maison sise à Corbie, à la charge de payer à l'abbaye de cette ville la redevance annuelle de 10 sols et 2 chapons. C'est ainsi encore que dix ans plus tard, Michel d'Estourmel, pour reconnaître ses bons et agréables services, lui fit également donation d'une maison située en face de l'Hôtel-de-Ville à Péronne, laquelle donation fut ratifiée en 1604 par acte de Woignier, notaire à Bray.

Jean IV était lieutenant d'une compagnie de 50 hommes sous la charge de son cousin, Michel, gouverneur de Péronne, lorsqu'il obtint le titre de gentilhomme de la chambre du Roi, par lettres de Henri IV, 3 Juin 1594, dont la teneur l'honore trop, pour ne point en faire mention...

« Pour l'entière confiance, y est-il dit, que nous avons de
» la personne de notre amé et féal le seigneur de Fouilloy,
» et de ses sens, suffisance, loyauté, prudhommie, expé-
» rience et bonne diligence; aussi désirant reconnaître en
» lui les notables services qu'il nous a fait près le seigneur
» d'Estourmel, gouverneur de nos villes de Péronne Mont-
» didier et Roye, comme nous espérons qu'il fera cy-après
» selon que les occasions s'en présenteront; i celui Jean,
» seigneur de Fouilloy, pour ces causes et autres bonnes
» considérations, avons aujourd'hui retenu et retenons en
» l'état de gentilhomme ordinaire de notre chambre, pour
» doresnavant nous y servir et en jouir et user aux hon-
» neurs, etc. . . . . . »

En 1604, en sa qualité de lieutenant, il est chargé de
commander la ville de Péronne en l'absence de M. de Créqui;
commandement que Henri IV, en 1610, un mois avant sa
mort, lui continua en ces termes : « Charge son très cher et
» très amé, le seigneur de Fouilloy, de commander à Pé-
» ronne; cette place étant une des plus importantes de la
» frontière de Picardie, et étant besoin que quelque bon et
» expérimenté personnage y puisse commander, en l'ab-
» sence du sieur de Créqui..... »

Le même monarque l'avait chargé, en 1605, de faire les
diligences nécessaires pour découvrir les auteurs d'un vol
commis sur un postillon de Péronne porteur de lettres importantes destinées à M. de Berny, résidant pour le roi en Flandre.

En 1607, Barbe de Cailleux, veuve de son oncle, Claude
de Hames, lui donna procuration pour la remplacer au mariage de Paul de Hames, son fils ; et un brevet de Louis XIII
du 7 février 1611 lui accorda une pension de 1200 livres en
considération de ses services. (1)

---

(1) Le P. Anselme, sans en expliquer les circonstances, rapporte que
la charge importante de Trésorier Général qu'exerçait encore Antoine,
fut cédée, en 1563, à Jean Lefebvre, Seigneur de Caumartin, bisaïeul de
celui dont il est souvent parlé à l'époque de la Fronde.

Jean IV devait d'abord épouser Madeleine Ravenel, fille du seigneur de Rentigny; mais il se maria en 1594, dans la grande église de S^t.-Fursy, paroisse Notre-Dame de Péronne, avec Jossine, dame de Boffles, Bana et Cappy en partie, fille de Jacques et de Marie de Bigant, dame de Cauliers, et sœur de Camille, comme aussi de Gilberte de Boffles qui vers le même temps épousa Étienne de St Simon, oncle du premier duc de ce nom et grand-oncle du célèbre auteur des Mémoires.

Jean IV avait 73 ans lorsque La Morlière écrivait son histoire.

« Ce seigneur, dit-il à l'article d'Estourmel, n'a jamais
» manqué en toutes occasions de témoigner sa valeur et son
» courage, ayant acquis une créance telle dans la province,
» qu'il y est universellement aimé, chéri et estimé de toute
» la noblesse... »

Le noble seigneur de Fouilloy quittait quelquefois le séjour de Péronne pour venir habiter son manoir de Cappy, situé en face de l'église et depuis converti en ferme. Ce village était l'objet de ses affections; aussi, après sa mort en 1622, fut-il enterré dans l'église de Dieu et de S^t.-Nicolas, devant le grand autel de Cappy, selon ses dernières volontés.

Jean, seigneur de Fouilloy, eut trois enfants : *Marie*, qui épousa Nicolas de Fay, de Puisieux, près Laon ; *Charles*, chevalier, seigneur de Gouise, vicomte de Vadancourt, qui fut marié à Anne du Breuil, dame de Vadancourt et d'Alaines, dont il eut deux enfants morts en bas-âges.

Et LOUIS Ier D'ESTOURMEL qui illustra la branche d'Estourmel-Fouilloy par ses services, par ses titres et par l'alliance honorable qu'il contracta. Il fut quelque fois appelé M. de Bana d'un fief de ce nom qui fait encore partie du domaine de Cappy; mais il paraît le plus souvent comme chevalier, seigneur de Fouilloy, S^t.-Martin, Hallu, Movebille, Hébuterne, Bana, Suzanne, Billon et baron de Cappy, &...

Dès l'âge de 24 ans, Louis d'Estourmel commence à se

distinguer dans la carrière des armes par un courage éclatant et par des talents militaires qui lui méritent un avancement rapide et les faveurs signalées des deux rois Louis XIII et Louis XIV.

Ainsi Louis XIII lui donne en 1621, et lui renouvelle en 1625, la commission d'une compagnie de 100 hommes de pied dans le régiment du vidame d'Amiens pour la conduire et exploiter sous le duc d'Epernon; il lui accorde en 1638 la provision de lieutenant-colonel au même régiment sous les ordres des ducs d'Epernon et de La Valette; et en 1644, il lui fait don de cent journaux de bois situés près de Combles et appartenant au roi d'Espagne, pour en jouir sans en rendre compte tout le temps que durera la guerre contre les Espagnols.

Louis XIV, de son côté, lui accorda : 1.º en 1646, la lieutenance au gouvernement de Péronne, sur la démission du seigneur de Rogles, pour en jouir aux mêmes prérogatives et émoluments, &... et une pension de deux mille livres, en récompense des services qu'il avait rendus pendant vingt années à Sa Majesté et au Roi, son prédécesseur, comme le constate un certificat du vidame d'Amiens, en date de la même année, où il atteste « que Louis d'Estourmel a servi » fidèlement le Roi en la charge de capitaine, puis de lieu- » tenant-colonel dans son régiment, surtout aux sièges de » Landrecy, La Capelle, Le Câtelet, Saint-Omer et autres » places.... à la bataille de Rocroy où il a perdu huit che- » vaux et reçu deux coups de mousquet, &..... »

2.º en 1650, le brevet de maréchal-de-camp, conçu en ces termes : « Le Roi étant à Libourne, mettant en considéra- » tion les bons et agréables services que le Sʳ de Fouilloy, » lieutenant au gouvernement de Péronne, a rendus au feu » Roi, de glorieuse mémoire, et à Sa Majesté, depuis trente » années, en plusieurs occasions qui se sont présentées, » èsquelles il a rendu des preuves de son courage et de sa » conduite en fait des armées, et désirant reconnaître sesdits

» services et l'honorer d'une qualité convenable à l'estime
» qu'elle fait de lui, Sadite Majesté, de l'avis de la Reine
» régente sa mère, a retenu et ordonné ledit seigneur de
» Fouilloy pour l'un des maréchaux de ses camps et ar-
» mées, &... »

3.° Enfin il récompensa ses longs et signalés services par
le titre de gentilhomme de sa chambre : dernière faveur dont
ce grand monarque l'honora en 1654.

Le 21 juin 1625, Louis avait fait à Suzanne, près Cappy,
un mariage aussi riche que distingué, en épousant *Louise de
Valpergue*, dame de Suzanne, Billon, et fille de Georges de
Valpergue et de Françoise de la Pierre. (1) A cause du décès
de Georges, sa veuve se fit assister, pour cette alliance,
d'Antoine de Régis et de Charles de Tassart, seigneur de
Belloy, son beau-frère.

Louis était plus âgé que son épouse, comme on peut en
juger par une dispense du Pape Urbain VIII, du 13 septembre 1626, qui le maintient dans son mariage et le relève
de l'empêchement (d'affinité spirituelle) qu'il avait contracté
en tenant sur les fonts baptismaux (comme parrain) ladite
dame de Valpergue.

C'est Louis qui avait offert à l'église S.¹-Fursy, de Pé-

---

(1) *Valpergue*, noble et ancienne maison originaire du Piémont,
comme le constate le martyrologue des chevaliers de S¹.-Jean de Jérusalem, par Goussancourt, où on lit : « Frère Galéas de Valpergue,
» piémontais, fut tué à Zoura, l'an 1552. Cette maison est issue des rois
» de Lombardie, habituée en Piémont et en Picardie. Celle de Picardie
» est tombée en quenouille depuis quelques années, et l'héritière a été
» mariée au seigneur de Fouilloy, de la maison d'Estourmel. » La branche
française des Valpergue s'était établie en Picardie vers 1527. En 1548,
Georges céda ses droits sur le comté de Valpergue à ses cousins restés en
Piémont où l'on retrouve encore leurs descendants. En 1603, il épousa
Françoise de la Pierre dont la mère était une Cerny-Suzanne, comme on
peut le voir ci-dessus, p. 5; et en 1614, il est qualifié seigneur de Suzanne.
Valpergue porte : d'or, à une tige de chanvre de sinople, sous 2 fasces
d'argent, et aux 2 étriers pour cimier; parce que le chef de la maison,
ayant eu ses armes brisées dans un combat, se saisit de ses étriers avec
lesquels il résista courageusement aux ennemis.

ronne, le tableau dont il est parlé ci-dessus, p. 50, qui a disparu avec cette collégiale et dont la pierre descriptive fut seule conservée.

Par acte du 23 avril 1653 accepté par les curé et marguilliers de Cappy, Louis d'Estourmel, toujours inspiré par un noble sentiment de piété filiale, avait fait à l'église de Cappy une fondation de 25 livres de rente au principal de 450 livres, « à la charge qu'il serait célébré tous les ans, le 21 décembre » jour du décès de son père et pour le repos de son âme, un » obit solennel, plus une messe tous les vendredis et enfin » le *Miserere* et deux *De Profundis* les fêtes et dimanches de » l'année. »

Il fonda également dans l'église de Suzanne, pour lui et pour sa femme, 220 messes qui sont encore acquittées aujourd'hui. Il mourut avant 1667, et laissa deux enfants, Françoise et Louis II d'Estourmel.

Françoise, âgée de 21 ans, devait épouser M. de Créquy, son cousin; mais Louise de Valpergue ayant eu son frère inespérément à l'âge de 46 ans, ce seigneur trouva des prétextes pour retarder le mariage et ensuite pour le rompre. Après une pareille conduite, disait-on alors, le nom de Créqui méritait de s'éteindre; ce qui arriva en effet. Elle se maria donc avec François, marquis de Saveuse, chevalier, seigneur de Coisy, gouverneur de Rue et mestre-de-camp d'un régiment de son nom. Saveuse était une illustre et ancienne maison de Picardie qui s'était alliée à celle de France et se trouve fréquemment mentionnée par Monstrelet. Le marquis François, en qui elle s'éteignit, n'eut de Françoise d'Estourmel qu'une fille, Charlotte-Louise qui épousa Philippe de Montmorency. (1)

Louis II, leur seul fils, paraît comme chevalier et premier

---

(1) Les d'Estourmel s'étaient alliés depuis longtemps aux Montmorency. Le marquis François-Louis d'Estourmel, était par sa femme, beau frère de la marquise de Montmorency-Laval, et, par sa sœur, l'oncle de la princesse de Montmorency-Croisilles.

marquis d'Estourmel, vicomte de Fouilloy, baron de Cappy, seigneur de Suzanne, Frise, Heudicourt-lès-Dompierre et des domaines de Templeux-la-Fosse, Haizecourt, Guyencourt, Driencourt, Marquaix, &., qui étaient sortis de la maison d'Estourmel, trente-trois années auparavant, par le mariage de Marthe, héritière des Surville, et qui y rentrèrent par celui de Louis II avec *Marie-Aimée*, fille de Marthe, marquise d'Hautefort.

Le 16 juillet 1688, il rendit foi et hommage au Roi, à la Chambre des Comptes, pour sa baronnie de Cappy, relevant de Sa Majesté, à cause du château de Péronne.

Le marquis d'Estourmel, comme ses ancêtres, avait embrassé la carrière des armes; il était capitaine dans le régiment du marquis de Saveuse, son beau-frère, qui mourut en 1677. Il espérait obtenir sa succession par la protection de Turenne; mais la préférence que le marquis de Louvois donna à un étranger le découragea excessivement et lui fit abandonner le service militaire. Il se retira à Suzanne où il s'occupa de la reconstruction ou peut-être seulement de l'importante restauration du château, comme l'exprime la date de 1678 figurée en lettres de fer sur les pavillons. Car en 1619, Georges de Valpergue avait déjà remplacé l'ancien château-fort par une nouvelle habitation; et au-dessus des portes du salon on voit encore deux peintures représentant le nouvel et l'ancien château de Suzanne.

Son mariage avec sa parente, Marie-Aimée d'Hautefort, fille du marquis et de Marthe d'Estourmel, fut une des circonstances les plus honorables et les plus avantageuses pour sa maison. Il fut célébré en l'église de S.ᵗ-Germainl'Auxerrois, et le contrat passé au palais de Versailles, le 3 mai 1683, de l'agrément et en présence de Louis XIV; de la Reine, Marie-Thérèse d'Autriche; du Dauphin, Louis de France; de la Dauphine, Marie-Christine de Bavière; et d'un grand nombre de puissants et illustres personnages rapportés à *la Note* 7.

Le 8 mai 1683, aussitôt après son mariage, le marquis d'Estourmel se fixa définitivement à Suzanne. La contrariété, trop vive peut-être, de son insuccès avait éteint dans son cœur tout sentiment d'ambition ; et il préféra dès lors le bonheur de la solitude aux agitations des charges et des grandeurs auxquelles il aurait pu aspirer. Néanmoins il rendit encore tous les services qui étaient compatibles avec ses goûts et sa position. On en trouve la preuve dans une lettre de Louis XIV, en date de 1695, par laquelle Sa Majesté « étant informée du zèle dudit noble seigneur pour son ser- » vice et de la connaissance qu'il a de la noblesse du bailliage » de Péronne, le charge de travailler avec le S⁻ Bignon, in- » tendant de la généralité d'Amiens, à la confection du rolle » de ladite noblesse, afin que l'imposition soit faite avec » toute l'équité possible... »

En 1701, ce monarque renouvela la même demande à Louis d'Estourmel qui décéda le 17 avril 1702, à l'âge de 51 ans, et fut inhumé à Suzanne, dans la chapelle de S.ᵗ-Louis où fut aussi placée son épouse, lors de sa mort en 1713.

Le marquis d'Estourmel était aussi distingué par la noblesse de sa naissance, que par ses qualités personnelles et par ses sentiments religieux ; puisque Monseigneur de Brou, l'un des plus illustres prélats du siège d'Amiens et l'ami de sa famille, se chargea lui-même de composer cette épitaphe qui fait son plus bel éloge :

A la Mémoire
De Haut et Puissant Seigneur,
Messire Louis, marquis d'Estourmel, baron de Cappy, &....
La noblesse de son caractère répondit à celle
de son extraction ;
Dans lui la supériorité du génie n'altéra point la simplicité
des mœurs ;
Chrétien sans ménagement pour lui-même
Et sans ostentation par rapport aux autres,
Il sçut

Par la pratique exacte d'une religion qui humilie
Se procurer toutes les vertus qui forment la véritable grandeur;
Ses lumières
Le rendirent capable de tout décider;
Sa modestie
Rendit aimable la justice de ses décisions,
Et la confiance universelle érigea un autel à sa probité;
Ses amis le pleurent;
Il n'y eut jamais d'ami ni plus tendre, ni plus solide;
Ses enfants l'admirent et s'efforcent de l'imiter;
Son épouse
Marie-Aimée d'Hautefort de Templeux,
N'a d'autre consolation
Que celle de le faire revivre dans son cœur. (1)

La haute réputation, les vertus éminentes de Louis II et de son épouse, l'éclat de leur mariage et la faveur de la cour furent pour leurs huit enfants un héritage précieux dont ils surent se rendre dignes et profiter.

De leurs quatre filles, *Charlotte* décéda en bas âge; deux se firent religieuses, *Marthe*, née en 1685, à l'abbaye de S.ᵗ-Paul, près Beauvais; *Gabrielle*, née en 1686, à l'abbaye de Monchy, près Compiègne; et *Gillette* fit un mariage très-distingué. Elle naquit et fut baptisée à Suzanne en 1684 et eut pour parrain le marquis d'Hautefort, son aïeul, et pour marraine, la duchesse de Schomberg, sa grande tante. Elle épousa, en 1705, Joseph le Danois, marquis de Cernay, capitaine-lieutenant des chevaux-légers d'Orléans, qui était d'une bonne maison du Hainaut. Leur fils qui devint cordon rouge et eut un bras emporté à Lawfeld, fut le père de la princesse d'Aremberg, comtesse de la Mark, modèle de

---

(1) Heureux les Grands de la terre qui ont su mériter d'un saint Evêque un aussi consolant éloge ! Du moins, on ne dira point d'eux avec S.ᵗ-Augustin : *Laudantur ubi non sunt, et cruciantur ubi sunt.*

douceur et de vertu, dont le fils s'établit en Moravie et épousa une Winditzgrass.

La biographie de leurs quatre fils offre un grand et juste intérêt.

Louis-Charles-Marie, le troisième, devint docteur en Sorbonne, abbé commendataire de N. D. de Serry, ordre de Prémontré, (1) où il avait succédé à son oncle, l'abbé d'Hautefort, puis vicaire-général de l'évêché de Rhodez. Il décéda à Suzanne en 1750. La suspicion de Jansénisme dans l'évêque de Rhodez fut la seule cause qui empêcha son grand-vicaire de parvenir à l'épiscopat. Dans la chambre, dite de l'Abbé, au château de Suzanne, on voit encore le portrait de ce digne ecclésiastique qui a laissé d'honorables souvenirs dans le diocèse de Rhodez.

Constantin-Louis, né à Suzanne en 1691, s'éleva aux plus hautes dignités de l'ordre de S.ᵗ-Jean de Jérusalem où il fut grand'croix, grand hospitalier, grand-bailli de Morée, commandeur de Boncourt et de Sérincourt, et chef d'escadre dans les armées navales du Roi très-chrétien en 1746.

Lorsque sa santé l'obligea de quitter le service vers 1750, il obtint une retraite de 6,000 livres et une pension particulière de 1,200 livres, en récompense d'une action d'éclat contre les Anglais où il avait signalé son courage et son habileté.

Le jour où il prit possession de son grand bailliage de la Morée, le curé de S.ᵗ-Jean de Latran lui fit une allocution aussi flatteuse pour lui-même, que pour la maison d'Estourmel. Il mourut le 6 avril 1765, âgé de 74 ans, et fut inhumé dans l'église de la commanderie de S.ᵗ-Jean de Latran, de Paris, où son neveu lui fit ériger un monument en bronze, en mémoire et en reconnaissance de l'amitié dont il l'avait honoré.

---

(1) Cette abbaye fondée par Guillaume de Cayeux et Gérard d'Abbeville rapportait 9,000 livres.

Louis, MARQUIS D'ESTOURMEL, l'aîné, qui ne vécut que 56 ans sans avoir contracté d'alliance, eut une noble et illustre existence dans la carrière des armes, et soutint dignement la gloire de ses ancêtres. Il naquit en 1687 et en 1706, dès l'âge de 19 ans, Louis XIV lui avait déjà accordé la charge de capitaine au régiment de Toulouse, cavalerie, où il obtint le grade de mestre-de-camp en 1714. Louis XV surtout l'honora de sa confiance et le combla de ses faveurs, en considération de son mérite et de ses services.

En 1730, ce monarque lui donne la commission de recevoir le Sr de Boudeville en qualité de capitaine dans son régiment; en 1734, il lui mande qu'il désire se servir de lui comme brigadier de cavalerie dans son armée d'Italie, sous le maréchal de Villars; en 1734, il l'élève au grade distingué de maréchal de camp et l'envoie en cette qualité à son armée d'Italie, commandée par les maréchaux de Coigny et de Broglie, et lui adresse la même demande en 1739 pour exercer sa charge auprès du maréchal de Noailles, sous les ordres de son frère et oncle, le roi de Sardaigne; et enfin, en 1739, il le choisit pour conférer l'ordre de St-Louis à M. de Wargemont.

Louis, marquis d'Estourmel, se distinguait dans nos armées au même temps que Louis-Auguste, marquis du Frétoy; ils se sont trouvés sur les mêmes champs de batailles, comme on peut en juger par cet extrait de la chronologie historique (1) de Pinard déjà citée au sujet de ce dernier.

« Louis, marquis d'Estourmel, se trouva aux sièges de
» Verceil, d'Ivrée, de Verue, de Chivas, à la bataille de
» Cassano en 1704 et 1705; en qualité de capitaine, il com-
» manda sa compagnie à la bataille de Ramillies; à l'armée
» de Flandre en 1707, à la bataille d'Oudenarde en 1708, à

---

(1) T. 7, p. 135.

» celle de Malplaquet en 1709, en Flandre en 1710 et 1711 ;
» à l'attaque de Denain, aux sièges de Douai, du Quesnoy
» et de Bouchain en 1712 ; à ceux de Landau et de Fri-
» bourg et à la défaite du général Vaubonne en 1713. En
» qualité de mestre-de-camp, il commande son régiment
» au camp de Stenay en 1727 ; au camp de la Meuse en
» 1730 ; aux sièges de Gerra, d'Adda, de Pizzighitone et
» du château de Milan en 1733 ; aux sièges de Novare et
» de Tortone en 1734. Comme brigadier, il commande une
» brigade à l'attaque de Colorno, à la bataille de Parme, à
» celle de Guastalle. Comme maréchal-de-camp, il se trouve
» à l'armée d'Italie à la prise de Reggiolo et de Guastalle :
» il revint en France après la paix. En 1741, il retourne à
» l'armée du Rhin sous le maréchal de Maillebois et con-
» duisit un corps de troupes à Nuys, ou Nays, où il
» mourut. »

Louis, comme on le voit, était un des capitaines les plus
distingués des armées du roi Louis XV. On voyait revivre
en lui l'activité, le courage, les vertus guerrières du célèbre
Reimbold Creton, le glorieux chef de sa maison. Il aurait
pu, ainsi que son père, contracter une alliance distinguée ;
mais son goût pour les armes et son ardeur belliqueuse
lui inspiraient un éloignement naturel pour un état qui
aurait contrarié ses inclinations et compromis son indé-
pendance. Aussi sa vie toute entière, comme sa mort, fut-
elle digne d'un chevalier sans peur et sans reproche. En
1741, il succomba glorieusement à Nuys, près Dusseldorf,
en Allemagne, dans la carrière honorable qu'il avait em-
brassée. Il était âgé de 56 ans, et fut inhumé aux Récollets
où une épitaphe a conservé le souvenir de ses exploits.

Sa mort sans alliance fit passer le marquisat d'Estourmel
au dernier de ses trois frères, François-Louis, né en 1695
et baptisé à Suzanne où il eut pour parrain le prince de
Montmorency, son cousin, et pour marraine, Louise d'Estourmel, comtesse de Thieux.

FRANÇOIS-LOUIS était le dernier des huit enfants de Louis IIe, et rien n'indiquait qu'il deviendrait l'aîné de sa maison ; mais il en eut le pressentiment. Un jour que, jeune encore, il se promenait sur le mont de Bray dans la compagnie de sa tante, Angélique d'Hautefort, marquise de Bonneval et sœur du fameux pacha de ce nom, il s'était fait menacer d'une correction sévère, parce qu'il lui avait dit en montrant Suzanne : *ce château et toutes ces terres qui sont devant nous m'appartiendront un jour !* et l'avenir vint justifier ce merveilleux pressentiment.

Dès sa jeunesse, il fut destiné pour l'ordre de St-Jean de Jérusalem. On en trouve la preuve 1.º dans une quittance délivrée en 1701 par le Procureur-général de l'ordre qui reconnait avoir reçu de François-Louis la somme de 4,333 liv. 6 s. 8 d. pour droit de passage, dispense d'âge et droit de minorité, etc...; et 2.º dans le congé qui lui fut donné par le Grand maître pour repasser en France en 1716, et par un bref de 1717 qui l'autorise à s'y faire tonsurer. (1)

En 1714, François-Louis reçut le titre de chevalier de St-Louis et l'autorisation de s'absenter pendant trois ans pour suivre sa caravane selon l'usage de l'ordre de Malte auquel il appartenait ; et par brevets de 1714 et de 1732, il avait obtenu les grades de capitaine, puis de major, au régiment de Toulouse.

Ce fut seulement à l'âge de 48 ans, lorsqu'il eut succédé inespérément au marquisat d'Estourmel dont il obtint des lettres de Terrier au parlement de Flandre, qu'il pensa à s'établir, afin de relever sa famille dont il était le seul et dernier rejeton.

---

(1) L'ordre de St Jean de Jérusalem, ou de Malte, religieux et militaire tout à la fois, fut institué vers la fin du XIIe siècle pour secourir les pèlerins de la terre sainte et combattre les infidèles. On ne s'y engageait par des vœux que lorsqu'on était sur les rangs pour obtenir une commanderie ; et pour être admis dans l'ordre, il fallait faire preuve d'au moins quatre quartiers de noblesse du côté de son père et du côté de sa mère.

(2) Il fit une alliance distinguée en épousant à Paris, le 9 mars 1743, Louise-Françoise-Geneviève Le Veneur, fille du marquis Henri Charles, seigneur et patron de Bailly-en-Rivière, et de Marie-Catherine de Pardieu. Louise Le Veneur appartenait à l'une des plus nobles familles de Normandie qui, parmi ses ancêtres, comptait ce courageux gouverneur de Rouen qui refusa de faire exécuter le massacre de la S.ᵗ-Barthélemi ; elle avait une sœur mariée au marquis d'Argenteuil, et c'est par elle encore que s'établirent des liens de parenté entre les marquis d'Estourmel et les maisons de Maillé, de Crillon, de Choiseul et d'Osmond. L'abbé Louis-Charles-Marie d'Estourmel leur donna la bénédiction nuptiale, en présence de témoins nombreux et distingués, rapportés ci-dessous à la note 8ᵉ.

Ce mariage, qui avait commencé sous les plus heureux auspices, ne fut pas de longue durée. Le 4 septembre 1745, Louise Le Veneur décéda à Suzanne, âgée de 28 ans, et fut inhumée dans la chapelle castrale de S.ᵗ-Louis où l'on voit cette épitaphe qui est un témoignage de ses vertus et des justes regrets qu'inspira sa mort prématurée.

« A peine elle vécut, mais à Dieu toute entière,
» Vivante pour lui seul, de ses dons précieux
» Promptement enrichie, elle sut à ses yeux
» Remplir en peu de temps une longue carrière ;
» Morte toujours au monde, aux grandeurs, aux plaisirs,
» Dans ce dernier moment, aux humains si terrible,
» On la vit, vers le ciel élevant ses soupirs,
» Tranquillement tomber dans un sommeil paisible ;
» Tandis qu'à sa douleur donnant un libre cours
» Un tendre époux pleurait une épouse si chère,
» Chaste objet de ses vœux, doux repos de ses jours,
» Et les pauvres pleuraient leur mère ! »

---

(2) Il est dit ailleurs que ce mariage fut célébré dans la chapelle de Bailly-en-Rivière, le 28 mars 1743.

Par contrat du 3 octobre 1748, à Chavot, bailliage d'Epernay, François-Louis convola à de secondes noces avec Marie-Anne-Elisabeth de Maizière, fille de César, comte de Brugny, en Champagne, et de Marie-Jeanne de Condé. Marie-Anne était dame de Brugny où sa sœur avait épousé le marquis de Vignacourt.

François-Louis faisait de Suzanne son séjour de prédilection. Dans les dernières années de sa vie, il s'occupa de la reconstruction de l'église paroissiale; mais il alla recevoir sa récompense pour cette belle œuvre avant d'avoir pu la terminer. La vive contrariété que lui causa la chûte du portail, au moment même de son achèvement, lui occasionna la maladie qui avança sa fin. Il mourut au château de Suzanne, à l'âge de 82 ans, (3 mai 1777) dans la chambre dite de Fénélon, où dans sa jeunesse il avait pu voir l'illustre archevêque de Cambrai qui souvent y reçut l'hospitalité chez les pieux descendants de Reimbold Créton qui appartenait à son diocèse. François-Louis fut inhumé dans la chapelle castrale de Suzanne; et après sa mort, Marie-Anne de Maizière, pour qui le pavillon du château de Suzanne avait été construit, alla finir ses jours dans son domaine de Brugny qu'elle laissa à sa fille, la comtesse de Clermont-Tonnerre.

De son premier mariage avec Louise Le Veneur, il n'avait eu que deux enfants dont le seul survivant fut son aîné Louis-Marie qui lui succéda au marquisat d'Estourmel. Du second mariage étaient nés : Louise, Victoire et Louis-Marie-Auguste. *Louise d'Estourmel*, née à Péronne le 10 mai 1751, fut mariée en 1776 à Charles, comte de Lavaulx, d'une ancienne maison de Lorraine, frère de la dernière maréchale de Richelieu dont le mari se faisait distinguer par le musc qui s'exhalait de ses habits. *Victoire d'Estourmel*, née à Péronne le 14 mai 1752, se vit recherchée d'abord par le comte de Brias qui, à cette époque où la noblesse avait encore un grand prestige, n'exigeait d'elle d'autre dot que celle de faire les preuves du chapitre de Maubeuge; mais elle s'allia à l'illustre famille des

Clermont-Tonnerre par son mariage, en 1777, avec Charles, comte de Clermont-Tonnerre, capitaine de cavalerie. *Louis-Marie-Auguste* naquit également à Péronne le 18 septembre 1754. Le 30 août 1766, il fut reçu chevalier de minorité dans l'ordre de Malte où il parvint au grade de commandeur et de Procureur général en France. Il avait aussi obtenu en 1774 la commission de capitaine de cavalerie. Malgré la difficulté qu'il avait à parler, il aurait pu, sans la révolution, arriver aux premières dignités de l'ordre de Malte. C'est lui qui à cette époque en avait la direction dans le royaume; et son nom est cité d'une manière bien honorable dans l'histoire des Girondins, dans les mémoires de Molleville, dans ceux surtout de M. Hue où on lit : « de quoi nous ont servi, dit la » reine Marie-Antoinette à ce fidèle serviteur, les fortes » sommes que nos amis ont distribuées à Petion, à Lacroix » et à d'autres conjurés, etc... » et une note de l'auteur explique que ces fortes sommes provenaient en grande partie du Procureur-général de l'ordre de Malte, Bailli d'Estourmel, de MM. Bertrand et de Molleville.

Louis-Marie-Auguste avait fait en 1783 une relation très-intéressante du tremblement de terre arrivé à Messine. Après la révolution, il renonça à toutes les fonctions publiques, et se retira auprès de sa sœur, la comtesse de Clermont-Tonnerre, au château de Brugny où il acheva dans la retraite une vie aussi paisible, qu'elle fut édifiante par sa piété, ses bonnes œuvres et même par les saintes austérités qui abrégèrent ses jours. Il mourut en 1814, et sa sœur en 1838.

LOUIS-MARIE, marquis d'Estourmel, (XXIII degré) né à Suzanne le 11 mars 1744, ne dégénéra point du mérite de ses prédécesseurs dans le cours de sa longue et mémorable existence. Il embrassa la carrière des armes qui semblait être héréditaire dans sa famille.

A peine âgé de 18 ans, il est nommé second cornette de la compagnie des chevau-légers d'Orléans, puis lieutenant-colonel de cavalerie, sous le marquis de Béthune et le

marquis de Castries, gouverneur de Montpellier et Cette ;
d'après deux brevets du roi du 2 mars 1762 et sur le rapport
favorable de M. de Jumilhac, lieutenant-général, attestant :
« que ledit noble seigneur a très bien servi dans les mous-
» quetaires et dans la gendarmerie de la maison du roi
» depuis le 12 mai 1760. »

Le 25 mars 1765, il obtient d'abord le grade de guidon
dans la compagnie des hommes d'armes du comte de Provence et plus tard, par brevet du 1.er février 1770, celui
d'enseigne de la même compagnie. On le voit ensuite s'élever
successivement aux différents degrés de la hiérarchie mili-
litaire, en même temps qu'il paraissait avec distinction dans
les états particuliers de sa province et dans les états généraux
du royaume.

Ainsi, en qualité de marquis d'Estourmel, il assiste à
l'assemblée des états de Cambrai et du Cambrésis des années
1774 à 1779 et aux états d'Artois de 1778 et 1779 ; il est
nommé lieutenant en second du régiment des dragons de la
Marche en 1776, chevalier de S.t-Louis en 1778, brigadier
des armées du roi en 1780, conservateur des chasses du
marquisat d'Albert par lettres de Louis-Philippe d'Orléans et
de celles de Vaulx-Eclusier par lettres du cardinal de Rohan,
abbé commendataire de S.t-Vaast d'Arras, en date de 1781,
lieutenant-commandant, puis colonel du régiment Royal-
Pologne, cavalerie, et député des états du Cambrésis à la
Cour en 1781, maréchal de camp en 1784, député des états
d'Artois en 1787, membre et président de l'assemblée élec-
torale de la noblesse du Cambrésis, président à l'examen des
canaux de navigation en Artois, Hainaut, Cambrésis et
Flandre en 1787 et 1788, grand-bailli du Cambrésis dont le
bailliage l'élut député aux états généraux en 1789, inspecteur
des remontes générales en 1791, lieutenant-général en 1792.

Sa présence aux états-généraux où l'avait appelé la confiance unanime de sa province, lui fournit plus d'une fois
l'occasion de signaler sa grandeur d'âme et la noblesse

de ses sentiments. Dans la séance du 4 août, il renonce pour lui-même et pour le pays qu'il représentait aux privilèges héréditaires et à tous les droits de l'ancienne féodalité, et, le 19 décembre, il justifie courageusement les états de sa province accusés d'une opposition secrète aux décrets de l'assemblée.

Dans la séance du 12 avril 1790, le député chartreux, Dom Gerle, fait une motion tendant à reconnaître la religion catholique religion de la nation. Cette proposition est vivement combattue; mais le lendemain elle trouve d'intrépides et principaux défenseurs dans M. le marquis de la Rochefoucauld et dans M. le marquis d'Estourmel qui invoque les droits de ses états et surtout le serment par lequel Louis XIV s'était engagé à ne jamais souffrir dans la province du Cambrésis d'autre religion que la religion catholique. Cette belle défense excite une sortie violente de Mirabeau, et l'assemblée, après une longue agitation, décrète enfin : « que le profond » respect dû à la religion ne permet pas qu'elle soit l'objet » d'une délibération. »

Le 18 mai, on le voit encore provoquer hardiment le rappel à l'ordre de Robespierre qui avait outragé la personne du roi, au sujet de la discussion sur le droit de paix et de guerre; et en septembre élever les plus vives réclamations en faveur des religieux auxquels on ne payait plus leurs pensions, après les avoir dépouillés de leurs biens.

Enfin, en mars 1791, dans une des séances les plus orageuses de l'assemblée, il demande et obtient la mise en liberté de MM. d'Hautefeuille arrêtés illégalement à S.¹-Germain; il combat le projet de loi relatif à la résidence du roi et à son abdication, dans le cas où il sortirait du royaume; et il n'hésite pas à se plaindre des désordres occasionnés par la correspondance des sociétés populaires avec les différents corps de l'armée.

Après la session de l'assemblée, il fut chargé de l'inspection des remontes générales et servit ensuite à l'armée du

Rhin avec le commandement d'une brigade. Le général Custine l'accusa d'avoir abandonné Kaiserslautern et le pays des Deux-Ponts dans le moment où il aurait dû se porter en avant. Sur la demande d'Albitte, le marquis d'Estourmel fut arrêté et mis en accusation le 4 avril 1792; mais, plus heureux que ne le fut, l'année suivante, le général Custine, il parvint à se justifier et un décret rendu le 26 mai, sur le rapport de Serres, déclara qu'il n'y avait pas lieu à suivre contre lui. Il obtint même quelques mois après le grade de général de division. Mais lorsqu'il vit la Convention se porter à de déplorables excès il ne put se résoudre à servir davantage un gouvernement révolutionnaire et injuste; il prit sa retraite et se retira au château de Suzanne.

Là, ni ses éminents services, ni son extrême bienfaisance ne purent le mettre à l'abri des dénonciations si communes à cette époque contre ceux à qui leur naissance, leur fortune, leurs qualités même, étaient un titre suffisant de suspicion et de culpabilité aux yeux des républicains. Il fut donc mis en arrestation et incarcéré à Péronne, puis à Amiens, avec sa femme et ses deux fils Reimbold et Alexandre. Néanmoins après une année environ de détention, il obtint la faveur, bien rare alors, de sa mise en liberté, sur les instantes sollicitations de l'assemblée populaire du canton de Bray. (1)

Tout en déplorant, dans sa retraite, les malheurs qui désolaient alors la France, Louis-Marie ne laissait échapper aucune occasion de se rendre utile à son pays. On en trouve la preuve dans une lettre que lui adressa le ministre des contributions publiques, en date du 29 juin 1793, par laquelle il le félicite de son zèle pour la conservation des bois, et des arbres plantés sur les chemins, &...

---

(1) Voir au renvoi n.º 10 cette pièce authentique qui fait autant d'honneur au canton de Bray, qu'au marquis d'Estourmel lui-même.

Dès qu'il vit que Napoléon relevait sincèrement la religion et l'ordre sur les ruines de la révolution, il n'hésita plus à se mettre de nouveau au service de la patrie. En 1800, il paraît comme un des membres de la commission des généraux pour la levée de 40,000 hommes; et le 23 septembre 1803, le premier Consul lui accorde l'insigne honneur de le choisir pour l'un des quatre généraux qui devaient accompagner le corps du grand Turenne lors de sa translation aux Invalides (alibi) au Panthéon.

L'illustre empereur, si habile à distinguer et à apprécier le vrai mérite, décora lui-même de la croix de la légion-d'honneur le marquis d'Estourmel qui sut encore remplir dignement le mandat de député au corps législatif, que lui confia le département de la Somme en 1805 et en 1811. Mais dès lors son grand âge lui imposa l'obligation d'abandonner la vie publique pour goûter enfin le repos que ses longs services lui avaient mérité.

Louis-Marie d'Estourmel termina sa noble et glorieuse carrière à Paris, le 13 septembre (alibi 14 décembre) 1823, âgé de 79 ans. Ses funérailles eurent lieu dans l'église de S.¹-Sulpice; et le concours immense des assistants fut un hommage public et éclatant rendu à son mérite et à ses rares vertus. On disait même hautement dans la foule : « si toutes » les personnes auxquelles le marquis d'Estourmel a rendu » service pendant sa vie se trouvaient ici, l'église assuré- » ment ne pourrait pas les contenir! » En effet, Louis-Marie d'Estourmel était la bonté même; son bonheur consistait à rendre service et à faire des heureux avec le plus louable désintéressement. Il ne semblait vivre que pour consacrer son crédit, ses talents, son existence à l'avantage des autres, que pour obliger tout le monde. Il fut inhumé dans la chapelle de S.¹-Louis, à Suzanne, avec son épouse, Renée de Brassac de Béarn, qui mourut en 1824.

Louis-Marie d'Estourmel avait trouvé une compagne digne de ses brillantes qualités, de ses vertus domestiques et de la bonté de son cœur, dans la personne de Renée-Philiberthe-Galard de Brassac de Béarn, fille de Anne-Hilarion, comte de Béarn et d'Olympe de Caumont de la Force. Il l'épousa en 1776, et le contrat fut passé de l'agrément du roi et de la reine, de Monsieur, frère du roi, et de Madame, du comte et de la comtesse d'Artois, de mesdames Adélaïde, Sophie, Victoire, sœurs et tantes du roi ; des princes du sang d'Orléans, de Bourbon, de Condé, de Conti, du duc de Penthièvre, de la princesse de Lamballe, et en présence d'un grand nombre d'illustres personnages parents et amis des époux, rappelés *note* 9e.

Renée-Philiberthe, aussi distinguée par ses vertus, que par sa naissance, était amie d'enfance de la princesse Louise de Condé qui se fit carmélite, et conservait avec elle des relations de confiance et d'attachement qui lui méritèrent, en 1788, l'honorable visite à Suzanne du prince de Condé, commandant alors le corps d'armée de S.t-Omer. Par son père, elle était la petite-fille de la dernière Tourville ; et par sa mère, elle descendait du fameux Maréchal de la Force qui mourut à 93 ans, après avoir échappé extraordinairement au massacre de la Saint-Barthélemy :

    « De Caumont, jeune enfant, l'étonnante aventure

    « Ira de bouche en bouche à la race future. »

Sa mère, Olympe de Caumont de la Force fut la dernière héritière de la branche ducale de Béarn. L'un de ses enfants qui disparut dans la campagne de Russie (1812) avait épousé la comtesse d'Hervilly, de Deniécourt, dont il avait fait la connaissance à Suzanne.

Il convient de clore ici cette notice historique qui ne saurait concerner les membres contemporains de la maison d'Estourmel : il suffira de les rappeler sommairement depuis le marquis Louis-Marie jusqu'à ce jour.

Ce dernier eut cinq enfants : 1.° *Anne-Marie-Philiberthe* née à Paris en 1778, décédée et inhumée à S.ᵗ-Cloud en 1779; 2.° *Olympe*, qui épousa le baron de Constant; 3.° *Alexandre-César d'Estourmel* né le 29 mars 1780 : il fut diplomate, militaire et député cinq fois réélu du département du Nord, pour l'arrondissement de Cambrai;

4.° FRANÇOIS DE SALES-MARIE-JOSEPH, COMTE D'ESTOURMEL, chevalier de Malte et de la Légion-d'Honneur, gentilhomme de la chambre du roi et conseiller d'État. Il remplit avec distinction diverses fonctions militaires et administratives depuis 1806 jusqu'à la révolution de Juillet 1830; il recueillit de ses nombreux et lointains voyages des objets curieux dont il enrichit son musée de Suzanne; il fit un mariage très honorable en épousant, le 12 janvier 1822, *Anne-Louise-Zoé de Rohan-Chabot*, (1) fille du duc de Rohan, prince de Léon, et de Anne-Louise de Montmorency, et sœur de l'aimable cardinal de Rohan; et mourut à Paris le 13 décembre 1852, justement regretté de tous ceux qui ont connu la noblesse de son caractère et la bonté de son cœur.

5.° ADÉLAÏDE-LOUIS REIMBOLD (XXIV degré), né le 22 mars 1777, succéda, comme aîné, aux nom et armes du marquisat d'Estourmel. Il épousa : 1.° à Paris, le 20 mai 1798, Marie-Anne-Louise-Eulalie de Gramont, fille d'André, duc de Ca-

---

(1) Son arrière grand' mère était la duchesse d'Enville, du même nom que son mari, chef de cette grande maison de la Rochefoucauld, dans laquelle Charles-Quint trouva *tant de vertu, d'honnêteté et de seigneurie.*

derousse, et de Marie-Gabrielle de Sinety, qu'il perdit en
1802, ainsi que son unique enfant, Adalbert d'Estourmel; et
2.º le 28 avril 1804, Delphine-Aglaé de Castellane, fille du
comte de Castellane et de Catherine-Angélique-Aglaé de
Varadier. Le marquis Reimbold d'Estourmel mourut à Paris
le 19 novembre 1843 et fut transporté par son fils et par son
gendre dans la sépulture de sa famille à Suzanne. Son épouse
était décédée le 16 septembre 1831 et fut inhumée dans son
domaine de Saint-Andiol, en Provence.

Leurs trois enfants furent : 1.º *Alexandre-Philibert-Reim-
bold* né en 1810 et mort en 1812; 2.º *Marie-Alphonsine-Aza-
laïs d'Estourmel*, née le 25 mars 1805 et mariée 1.º à Fran-
çois-Jean-Antoine de Loys en 1826, et 2.º à Camille-Joseph-
Louis de Beaupoil, marquis de S.ᵗ-Aulaire, en 1836; 3.º
Louis-Henri, marquis d'Estourmel, (xxv degré) seul et dernier survivant de toutes les branches masculines de la célèbre maison d'Estourmel, né le 14 juin 1816. Le 25 avril
1840, il a épousé Eugénie-Louise-Blanche de S.ᵗ-Simon, fille
de Henri-Jean-Victor marquis de S.ᵗ-Simon, officier-général,
pair de France, puis sénateur, grand' croix de la légion-
d'honneur, &., et de Anne-Marie de La Salle. Ses trois
enfants sont 1.º Marie-Reimbold; 2.º Jehan-Marie-Joseph et
3.º Ernestine d'Estourmel.

CONCLUSION.

Avant de terminer cette notice sur l'ancienne et illustre maison d'Estourmel, il est juste de constater qu'elle est une de ces rares familles nobles, encore existantes, qui ne soit jamais tombée en quenouille, ou dont les héritières aient imposé leur nom et leurs armes à un époux de leur choix.

Les différentes branches de Vendhuile, de Guyencourt-Surville, du Frétoy, de Plainville et de Thieux-Herville sont éteintes, à la vérité; mais elle survit encore avec toute sa vigueur dans la ligne directe et masculine de Fouilloy-Suzanne; et M. le marquis Louis-Henri d'Estourmel peut se prévaloir aujourd'hui, et à juste titre, de descendre, par vingt-quatre générations successives, de l'illustre Reimbold Creton, souche principale de sa maison.

Quelle cause supposer à une si grande faveur, surtout quand on porte un regard attristé sur les faibles débris de tant de maisons nobles de notre diocèse seulement dont La Morlière faisait une savante énumération il n'y a guère que deux siècles? L'historien religieux la recherchera volontiers et dans le courage héroïque déployé par Reimbold Creton pour la délivrance des Lieux-Saints, et dans cette précieuse relique de la vraie Croix constamment substituée aux aînés de sa descendance comme leur plus riche et leur plus glorieux héritage. Tel aura été le divin talisman qui a toujours justifié la confiance des d'Estourmel, qui les a soutenus, protégés et conservés à travers les siècles; qui leur a enfin inspiré ces vertus chrétiennes et morales qui sont le plus sûr garant de la force et de la prospérité des familles.

L'intelligente restauration du château de Suzanne conser-

7.

vera ce précieux monument à notre pays qui compte dans son sein le grand nombre de leurs illustrations. On pourra y visiter encore avec intérêt et la riche galerie des portraits de famille, et la curieuse collection de M. le comte Joseph d'Estourmel, et la chambre de Fénélon qui, aussi bien que les évêques du diocèse, y a souvent obtenu la plus affectueuse hospitalité, et celle où fut reçu le prince de Condé le 22 septembre 1788.

Les anciens de la contrée apprendront aux générations nouvelles que cet antique castel était renommé dans la province pour la bienfaisance et la cordialité de ses châtelains ; que leurs vieux officiers et serviteurs y recevaient la plus aimable hospitalité ; que plusieurs même y terminaient paisiblement leur carrière, comme dans un autre hôtel des Invalides.

En un mot, cette habitation séculaire rappellera toujours le souvenir de ces vertus chevaleresques et charitables qui, plus encore que la noblesse, la fortune et les exploits, ont environné le nom d'Estourmel de gloire et de bénédiction.

NOTES.

————— ⚙ —————

NOTE 1.re—*Fiefs de la Maison d'Estourmel.*

—————————

Anvin—Baillon-lès-Warloy—Bana—Billon—Boffles—Bou-
lay-le-Brisset—Broye—Bussy—Campagne—Candor—Cappy
—Catigny — Caulières — Coulmelle — Champien — Chevilly—
Courtebonne — Dampierre — Dominois — Doux-lieu — Driencourt — Escordal — Escuvilly — Estourmel — Fay — Flavy-le-
Martel — Fonches — Forest — Fouilloy — Frétoy—Frise—Fu-
tennel — Gamechine — Genvry — Gournay — Gravelle — Gré-
dainville—Griffonnier—Guibermesnil—Guinegate—Gouise—
Guyencourt—Haizecourt—Hallu—Hamel-lès-Corbie—Hamel-
le-Quesne—Hardecourt—Herville—Hébuterne — Heudicourt-
lès-Dompierre — Hondainville — La Mothe — Les Moulins —
Liéramont — Lannoy — Malmaison — Mamez — Manencourt
— Marquaix — Massy — Mesnil-Huchon — Mesnil-St-Firmin—
Milan—Mobeville—Neufvisy — Noyelle—Ossonville — Ogne-
Roisel en partie — Sanguine — St-Martin — St-Ouen-sous-
Bailly—Sermaise—Stéenwercke—Surville—Suzanne—Tar-
welandt — Templeux-la-Fosse — Thieux — Tocqueville — Va-
dancourt—Veilly-St-Georges—Vandhuile—Wiepe. (87)

Le domaine d'Estourmel a appartenu jusqu'aux derniers
temps aux seigneurs de ce nom qui en possèdent encore une
partie. L'ancien château féodal, il est vrai, s'est trouvé un
peu délaissé lorsqu'ils se transférèrent à Templeux, au Frétoy, à Suzanne, &. Mais du moins les ruines de cet antique
manoir furent consacrées à la reconstruction de l'église d'Es-

tourmel par la concession des matériaux qu'en fit le marquis
FRANÇOIS-LOUIS, ainsi que le constate le titre suivant :

« Ce jourd'hui trente de may 1745, à l'issue des Vêpres
» chantées et célébrées en l'église du village d'Estourmel,
» les sieurs curé, mayeur, eschevins, principaux habitants
» composant le corps de communauté de ce lieu, étant
» assemblés après le son de la cloche en la manière accou-
» tumée, soussignés, ont, en conséquence de la lettre de
» monsieur le marquis d'Estourmel, seigneur dudit lieu,
» accepté la donation gratuitement à eux faite de l'ancienne
» tour du château dudit Estourmel, pour les aider à rétablir
» leur église, sous condition de ne point endommager les
» souterrains de ladite tour, lesquels seront conservés, ga-
» zonnés, et y sera mis une porte fermant à clef pour s'en
» servir au besoin. Laquelle donation ainsi faite de ladite
» tour de la part dudit seigneur, marquis d'Estourmel, pour
» sa bien venue en ce lieu.

» En foy de quoi avons tous signé le présent acte pour
» servir au besoin ce que de raison, &.... »

NOTE 2.me — *Alliances avec les maisons nobles de
France et des Pays-Bas qui suivent.*

Acheux, Ade, Alende, Arleux, Aumale, Bacouel, Bailleul,
Barbançon, Bazincourt, Belleforière, Bryas, Blanchefort,
Boffles, Boullainvillers, Brossart, Brulart, Brayelle, Beaupoil-
S.t-Aulaire, Constant, Canaye, Caulaincourt, Chabert, Chas-
teler, Choiseul, Clément-du-Wault, Castellane, Clermont-
Tonnerre, Conty, Croy, Cavrel, Courière, d'Ambly, Danois,
de Cernay, d'Esevelles, Orjeault-du-Bois-de-Sienne, du
Breuil, du Castiau, du Chemin, Epinay-S.t-Luc, Estourmel,
Vendhuile, Thieux, Frétoy, Fay, Forest, Fontaines, Gobelin,

Gomer, Galard-Béarn, Gramont, Caderousse, Habarcq,
Hames, Hautefort, Haynin, Jauche, Lameth, Lamoignon,
La Vernade, la Viefville, Le Febvre, le Maire de Boulan,
La Vaulx, Liévin, Longueval, Loys, Mailly, Maizières,
Mastaing, Marc de la Ferté de Rœux, Meurs, Neufbourg,
Noyelle-de Marle, Oëlis Ongnies, S.ˡ-Omer, Paillart,
Pelléyé, Récourt, Rohan-Chabot, Sailly, S.ˡ-Simon, S.ˡ-
Vincent, Saveuse, Schouteete, Soyécourt, Templeux, Tor-
nielle, Treppe, Valpergue, Veneur, &...

Note 3.ᶜ — *Texte des 112 vers de la* Chanson
d'Antioche *par* Graindor.

Livre IV.ᵉ — Fin du xxxix.ᶜ couplet, vers 899.

Une estaque ot en Ferne dessous les ars del pont
Ou Turs prennent poissons o lor engiens qu'ils ont :
(1) Doi cent Turc i noierent, il nec aresté sont,
Tot nu estoient d'armes, avoec aus nule n'ont.
Crestien les esgardent et aval et amont;
« Ce sera moult grans honte sé cil paien s'en vont, »
Buiemons s'escria : « Nos bons nœurs que font?
« Sé d'aus n'avons aïde, tous nos escaperont. »
Seigneur, or escoutés que fist Raimbaus Cretons.

XL.

(2) Raimbaus Cretons fu preus et vassaus connéus,
Il ne fut mie haus, né lons né étendus,
Ains fu un petit et bien formés et membrus.

---

(1) Dans un autre texte on lit : plus de cinc cens païens qui noierent
(nagèrent) sous le pont.

(2) **Vassaus**, vassal, voulait dire chevalier. Ce mot n'avait pas d'autre
sens au XIIᵉ siècle, et n'emportait avec lui aucune idée de subordination.
C'est ainsi que valet, formé de *Vasseletus* se prenait souvent pour Bache-
lier, ou chevalier faineur.

Quant il ot les gloutons esgardés et véus,
Del cheval auferant est à pié descendus,
Plus tost qu'il onques pot est en l'aigue ferus;
Tant a li bers noés qu'il est au pont venus.
Sa lance porte o lui et ses brans qu'est molus :
Moult fut le jour loés des princes et des Dus.

XLI.

Li Turc sont sous les ars où il n'ont qu'à irer,
Grant péor ont de mort et de testes coper;
(1) Mais ils n'ont garde là qu'on les i puist trouver;
Je cuit bien que la nuit s'en péussent aller.
Quant voient no baron qu'il nec porront durer,
Moult par en sont dolent, mais nus ni ose entrer;
L'iave est roide et parfonde, moult fait à redouter,
Et cil des murs traioient et font arbalester
Plus mesme que la pluie ne sot par l'air voler.
Mais or oiés que fit Raimbaus Creton li ber;
Jà de plus grant proesce ne doit nus homme parler.
Son elme deslaça, mais l'auberc laisse ester,
Car il ne voloit mie son cors tout desarmer,
Et si porta o lui son branc d'acier le cler,
Et prist une grant lance à un fer d'outremer;
Li bers sot moult de l'iave, n'ot garde d'afondrer,
Ens el Ferme se mist, puis se prist à noer,
Tout droit vers cele part où les Turs vit aler,
Tant va li bers noant (que Jhesus puist salver!)
Qu'il se prist à l'estaque, et commence à ramper.
A la rive s'en vont François pour esgarder,
Moult bonement comencent Jhesu à reclamer,
Et le saint vrai Sepulcre où il vont reposer,
Qu'il laist Raimbaut Creton sain et sauf retorner :
Chascuns dist sa proière, que Diex le puist salver.

---

(1) Les Turcs se croyaient en sûreté sous les ars, ou voûtes du pont.

XLII.

Or est Raimbaus Cretons à l'estaque où s'est pris :
Contremont est rampé com chevaliers gentis ,
(1) Desci qu'à une cloie, sus à genous s'est mis ,
A senestre des ars où vit les Turs quatis ,
Sor un afeutrement que là orent assis.
Raimbaus Cretons alonge la lance au fer burnis ,
Et feri un des Turs tout droit emmi le pis ,
Que la lance passe outre , le cuers li est partis.
Quant Paien l'ont véu , ès-les vous esbahis ,
Cuident que plus i ait de nos barons eslis ;
Ainc ne se pot deffendre trestous li plus hardis.
Quand la lance est brisie , Raimbaus n'est alentis ,
Il a traite l'espée dont li brans est fourbis ,
Sur les Turs caple et fiert com chevaliers eslis ,
Si lor trenche les testes et les bras et les pis ,
Les gambes et les piés , les frons et les cavis ;
Bien a-il des deus cent l'une moitié ocis ,
Et li remanant est dedens l'aive saillis :
Ceus emporte li Fermes, es-le vous tous péris.

XLIII.

Quant Raimbaus ot les Turs ocis et desmembrés ,
(2) Les cors a trebuchiés et en l'aive jetés ,
Et li Fermes les a tout contre val portés.
De vint mile François fut li bers esgardés ,
Forment fu des barons et prisiés et lo és ;
(3) Et li Vesques del Pui qui prous fu et senés ,

---

(1) Cloie, ou claie, c'est l'afeutrement dont on va parler. Afin de surprendre les Turcs et gagner *l'estaque*, Reimbold s'était mis à la nage à droite du pont, tandis que ceux-là se reposaient à gauche à l'abri de leur afeutrement.

(2) *Trébuchiés* et ailleurs *balanciés*. Ce synonyme est à remarquer pour comprendre la véritable acception du mot *trébuchet* qui est resté.

(3) L'évêque du Puy lui donne l'absolution, du rivage, à cause du danger qu'il courait : il fait sur lui le signe du *Domini Dei* qui souffrit sur la croix pour le salut du monde.

De Dame Dieu le saigne qui en crois fut penés,
Le glorieux celeste dont li mons est salvés.
Raimbaus Cretons descent, si est jus avalés.
Des Turs qui sont aus murs fu moult fort escriés,
En Sarrasinois dient : « cuivert n'i garirés ! »
Aux ars Turcois le bersent à quariaus empenés,
Li haubers de son dos est rompus et fausés,
Et il dedens le cors en quinze lius navrés ;
Li sans vermaus en est par les plaies coulés.
No François li escrient : « Sire, car en venés ! »
« Moult nous ferés dolent sé vous i demorés,
« Car jamais à nul jour ne serez recovrés ! »
Raimbaus Creton les voit, s'en est vers aus tornés,
Moult feblement noant, car moult estoit grevés ;
(1) Et li Turs li lançoient dars et guivres assés ;
El dos et en la teste fu li bers assenés.
Raimbaus Cretons se pasme, si est au fons alés :
Or l'ait Diex en sa garde, par les soies bontés !
Quant Crestien le voient grand doel en ont menés.
Adonc fu sains Sepulcres huchiés et reclamés ;
Cil legier valet saillent, si ont lor dras ostés,
Quatre vins et quatorze en i a-on nombrés
(2) Qui tous saillent en l'aive, chascuns tos abrivés,
Et nos autres François les ont des Turs gardés.
    Or oiez grant miracle, jamais meillor n'orés :
(3) Raimbaus Cretons se fu en l'aive désarmés.
Par le comant de Dieu fu ses haubers ostés,

---

(1) *Guivres* (serpents ou couleuvres) semblent être ici les carreaux de flèches qui ressemblent aux dards de ces reptiles.

(2) *Tos abrivés* veut dire rendus légers, après s'être dépouillés de leurs habits — variante — *desfulés*. Ils étaient sans doute aussi protégés par de larges boucliers contre les traits des assiégés.

(3) Entraîné au fond de l'Oronte par l'effet de ses blessures et par la pesanteur de sa cuirasse, Reimbold Creton parvient, comme par miracle, à s'en débarrasser et à remonter au-dessus de l'eau.

Et de saint Michel l'angre fu amont relevés.
(1) Quant li no ant le voient, de vint pars fu combrés,
A la rive l'amainent, chascuns s'en est penés,
Par jambes et par bras l'ont de l'aive getés.
Il n'estoit mie mors, Diex en soit aourés !
Cel jour fu à la rive baisiés et acolés,
Del sanc qu'il ot perdu fu tout descolorés ;
A la tente le duc de Bullion fu portés ;
Iluecques fut couchiés sor le tapis ouvrés.
Cil fist mires venir et cortois et senés,
Tant qu'il fu de ses plaies garis et respassés.
Moult fu bons chevaliers et de tous fu amés.
Puis fu à Jhursalem quant il fu conquestés,
Et baisa le sepulcre où Diex fu reposés,
Et les autres reliques ; ainsi com vous orés,
(2) Sé la canchon vous dis et je suis escoutés.

NOTE 4. — *Témoins du mariage de* JEAN-JOSEPH, MARQUIS DU FRÉTOY.

Léon Potier, duc de Gesvres, pair de France, 1er gentilhomme.
François de Clermont, évêque-comte de Noyon.
Marthe d'Estourmel, marquise d'Hautefort.
Le marquis d'Hautefort et son épouse Marie de Pompadour.
Louise d'Humières, épouse de Charles, marquis de Surville.
Gilles, comte d'Hautefort, et Pierre, comte de Montignac.
Marie, Marie-Thérèse et Anne d'Hautefort de Surville.

---

(1) Li *noant* — les nageurs qui s'avançaient pour le secourir — *Combrés* — saisi, soulevé.

(2) Les quatre derniers vers ne se trouvent pas dans plusieurs autres manuscrits de la chanson d'Antioche : il est probable qu'ils ont été ajoutés par Graindor.

Le marquis de Torcy, chevalier d'Estourmel du Frétoy, sous-diacre-chanoine de Noyon, frère.

Noël et François Brulart, seigneurs de Vaulx et Boulay, oncles.

Elizabeth et Marie Brulart, marquise de Vitry, tantes.

NOTE 5. — *Témoins des deux mariages de* LOUIS-AUGUSTE D'ESTOURMEL, *dernier marquis du Frétoy.*

1.er *mariage :*

Jeanne d'Ossonville et Louise de Flavy, ses sœurs.

Louis d'Harcourt, abbé commendataire de N. D. de Signy et commandeur de l'ordre du S.ᵗ-Esprit, cousin.

Marie-Anne Brulart de Genlis, veuve du duc d'Harcourt, maréchal de France, cousine.

Lidie de Harcourt, veuve du comte de Cléry-Créqui, cousine.

Françoise d'Harcourt, épouse du marquis d'Hautefort, cousine.

Marie-Madeleine Thibert des Martrais, comtesse d'Harcourt.

Le comte de la Mothe la Myre.

Le duc de Châtillon et Anne Le Veneur, son épouse.

Charlotte de Châtillon, épouse du duc de Rohan-Chabot.

Louis Moret, seigneur de Bournonville, cousin.

2.e *mariage :* Les précédents et ceux qui suivent :

Le marquis d'Hautefort, maréchal et ambassadeur à Vienne.

Claude de Regnier de Guerchy, lieutenant-général, &.

Frère Constantin d'Estourmel, chevalier de Malte, &., cousin.

Louis, marquis de Talaru. — Le marquis de Chalmazel, maître d'hôtel de la reine, et sa femme, Françoise de Bonneval.

Chrétien-Guillaume de La Moignon, marquis de Baville, conseiller d'Etat et président au Parlement, frère.

Guillaume de La Moignon de Blanc-Mesnil, conseiller d'Etat et premier président de la Cour des Aides, oncle.

Marie de Nicolaï, veuve du marquis de la Chastre et son fils, Charles, marquis de la Chastre, comte de Nancey, cousin.

NOTE 6.

Ces derniers époux LOUIS - AUGUSTE et CATHERINE DE LA MOIGNON vivaient en 1765 avec leur fils *Guillaume-Louis*, qui mourut en bas âge, comme le raconte leur parente, madame de Genlis, dans ses mémoires, T. 1.er, p. 246. Avec lui s'éteignit la branche d'Herville-Thieux et Frétoy d'Estourmel.

Sa pauvre mère, Catherine-Louise de La Moignon, fut l'une des nombreuses victimes de la révolution de 93 : elle périt sur l'échafaud avec M. de Malesherbes, son neveu.

NOTE 7. — *Témoins du mariage de* LOUIS, MARQUIS D'ESTOURMEL avec AIMÉE D'HAUTEFORT.

Le comte d'Hautefort, colonel du régiment d'Anjou.

Marie d'Hautefort, veuve de Charles de Schomberg, duc d'Hallwin, pair et maréchal de France.

Marie de Bailleul, épouse du marquis de S.t-Chamans.

François de Choiseul, marquis de Praslin, gouverneur, et sa femme Charlotte d'Hautefort, qui vécut 102 ans.

François d'Epinay, marquis de S.t Luc, et N*** de Pompadour, son épouse.

Georges de Mouchy, marquis d'Hocquincourt, gouverneur de Péronne, et Marie Molé, son épouse.

La maréchale de La Mothe.

Anne Poussart de Forts du Vigean, dame d'honneur de la Dauphine et épouse d'Armand du Plessis-Vignerod.

Le duc de Richelieu, chevalier d'honneur de la Dauphine.

Anne du Roure, veuve de Charles de Créqui-Canaples.

Armande de Luzignan, dame d'honneur de la Reine, épouse
    du duc de Créqui, prince de Poix, gouverneur de Paris, &.

Madeleine de Créqui, épouse du prince de la Trémoille.

François de Créqui, marquis de Marines, maréchal de France,
    et Catherine de Rougé du Plessis-Belière, son épouse.

Henri de Senectère, duc de la Ferté, pair de France.

Charlotte de Prie, veuve de Noël de Bullion, marquis de
Bonnelles... &...

Nota : Le marquis d'Hautefort, d'une des plus célèbres
maisons du Périgord et beau-frère de Marthe d'Estourmel,
servit, dit-on, de type à l'avare de Molière.

Madame de Sévigné raconte ainsi sa fin dans une de ses
lettres, en date du 9 octobre 1680 :

    « M. d'Hautetefort est mort : voilà encore un cordon bleu
» qui fait place aux autres. Il n'a jamais voulu prendre du
» remède des Anglais, disant que c'étoit trop cher. On l'as-
» suroit pourtant qu'il en seroit quitte pour quarante pis-
» toles. Il dit en expirant : *c'est trop !* »

Cependant par un effort de générosité, ce marquis avait
fondé à Hautefort un hôpital pour trente-trois pauvres nour-
ris et entretenus, en mémoire des trente-trois années que
Jésus-Christ a passées sur la terre.

Note 8. — *Témoins du mariage de* François-Louis, marquis d'Estourmel.

Louis-Charles-Marie d'Estourmel, abbé commendataire, qui
    fit le mariage et donna son château de Suzanne à son
    neveu.

Marie-Angélique d'Hautefort, le marquis d'Hautefort et Fran-
    çoise d'Harcourt, son épouse.

Madeleine d'Hautefort, veuve du marquis d'Escoyre.

Henri-Louis, marquis de Lameth.

Philippe de Montmorency, chef de brigade, &., cousin.

Françoise de Forts de Vigean, abbesse de S.ᵗ-Pierre de Metz.

Nicolas de Blottefière de Vauchelles, mestre-de-camp... ami.

Angélique Chauvelin, marquise de Bissy, amie.

Louis de Crozat, maréchal de France, et Louise de Laval.

(1) Jacques Tanneguy Le Veneur, comte de Tillière, et Gabrielle du Gué de Bagnols, oncle et tante.

Jacques Tanneguy Le Veneur, marquis de Tillière, et Julie Bouchard d'Esparbez, son épouse; cousin et cousine.

Louis de Pardieu, comte d'Avremenil, et Gabrielle de Beauveau, son épouse.

(2) Alexis, duc de Châtillon, dont la femme, la belle duchesse de Châtillon, était cousine de Geneviève Le Veneur.

Alexandre d'Orléans, marquis de Rothelin, et Marie de Pardieu, comtesse d'Osmond, tante.

Catherine Arnaud de Pomponne, marquise de Gamaches.

Nicolas Roüault; comte d'Egreville, cousin.

Angélique de Bullion, marquise de S.ᵗ-Valery, cousine.

Louis de Brancas, maréchal de France, &..., ami.

Marie de Canisy de Brancas, comtesse de Forcalquier, amie.

Adélaïde d'Harcourt, princesse de Croy et du S.ᵗ-Empire.

Pierre d'Harcourt, comte de Beuvron, maréchal de camp.

Lidie d'Harcourt, veuve du marquis de Mailloc.

Louis d'Harcourt, chanoine de la Cathédrale de Paris, allié.

Madeleine des Mazis, Marie du Châtelet, comtesse de Montrevel.

Mgr Henri de Brancas, évêque et comte de Lizieux, ami.

---

(1) Catherine de Bassompière était grande tante de Geneviève Le Veneur et sœur du maréchal de Bassompière.

(2) La branche des Le Veneur de Tillière s'est éteinte avec la duchesse d'Harcourt, et le magnifique château de Tillière est tombé sous le marteau de la bande noire.

Mgr Henri de Valras, évêque de Macon, ami.

Basile de Brancas, comte de Cereste, conseiller d'Etat.

Mgr Nicolas de Saulx Tavannes, archevêque de Rouen, ami.

Marie de Lort, épouse de Jean Duché, avocat général à Montpellier.

Jean, marquis d'Osmond, capitaine de cavalerie, ami.

NOTE 9. — *Témoins du mariage de* LOUIS-MARIE MARQUIS D'ESTOURMEL.

Améline de Bavière, épouse du comte d'Hautefort.

Angélique d'Hautefort, marquise de Beringhen.

Marie-Anne de Montmorency, duchesse de Boufflers, cousine.

Alexandrine Sublet d'Heudicourt, comtesse de Belzunce.

Louis, comte de Boullainvillers, mestre-de-camp, cousin.

Abraham, vicomte d'Hautefort-Champien et de Vaudre.

Rosalie d'Hautefort, comtesse de Rastignac.

Anne Le Veneur, veuve du duc de Châtillon.

Marie le Danois, épouse d'Auguste d'Aremberg, comte de la Marck, cousine.

Nicolas Dupré de S.¹-Maur, intendant du Berry.

Christophe Spinola, envoyé de la république de Gênes.

François Balbi, des marquis de Piovera, de Gênes, comte et marquis du S.¹-Empire, colonel du régiment de Bourbon.

Du côté de l'Epouse.

Adélaïde Galard de Brassac-de-Béarn, marquise de Caumont, sa sœur.

François de la Rochefoucault, marquis de Bayer, cousin.

Monseigneur Marie de Galard, évêque du Puy, &... cousin.

Pierre de la Rochefoucault-Bayer, conseiller d'Etat, cousin.

Le comte d'Astory, capitaine de cavalerie, cousin.

Marie de Noailles, veuve du duc de Caumont, tante.

Marie Amelot, veuve du marquis de la Force, tante.

Angélique de Galard de Béarn, veuve du comte de Pont Chartrain, cousine.

RENVOI N.º 10.

Convention Nationale.

Comité de sûreté générale et de surveillance de la Convention Nationale.

Du onze pluviôse, l'an trois de la République Française une et indivisible.

Vu le mandat d'arrêt du 16 Thermidor dernier, une lettre des maire et officiers municipaux de Bray, le procès-verbal de la société populaire du canton de Bray du même jour, le certificat de civisme, les réclamations et la pétition.

Le Comité arrête : que le citoyen Louis-Marie Estourmel, demeurant à Suzanne, canton de Bray, détenu à Amiens, département de la Somme, sera mis sur le champ en liberté, les scellés seront levés.

Les membres du comité de sûreté générale; signé : Reubel — Garnier de l'Aube — Reverchon — Laignelot — Clausel-Philippe — Charles-Aimé Goupilleau — J. Rovère — Lamon et Harmand.

Délivré conforme à l'expédition déposée au secrétariat du district d'Amiens par nous administrateurs dudit district, le 13 pluviôse de l'an trois de la république Française une et indivisible. Signé : Prophette et Magnier, présidents; Magnier, agent national.

FIN

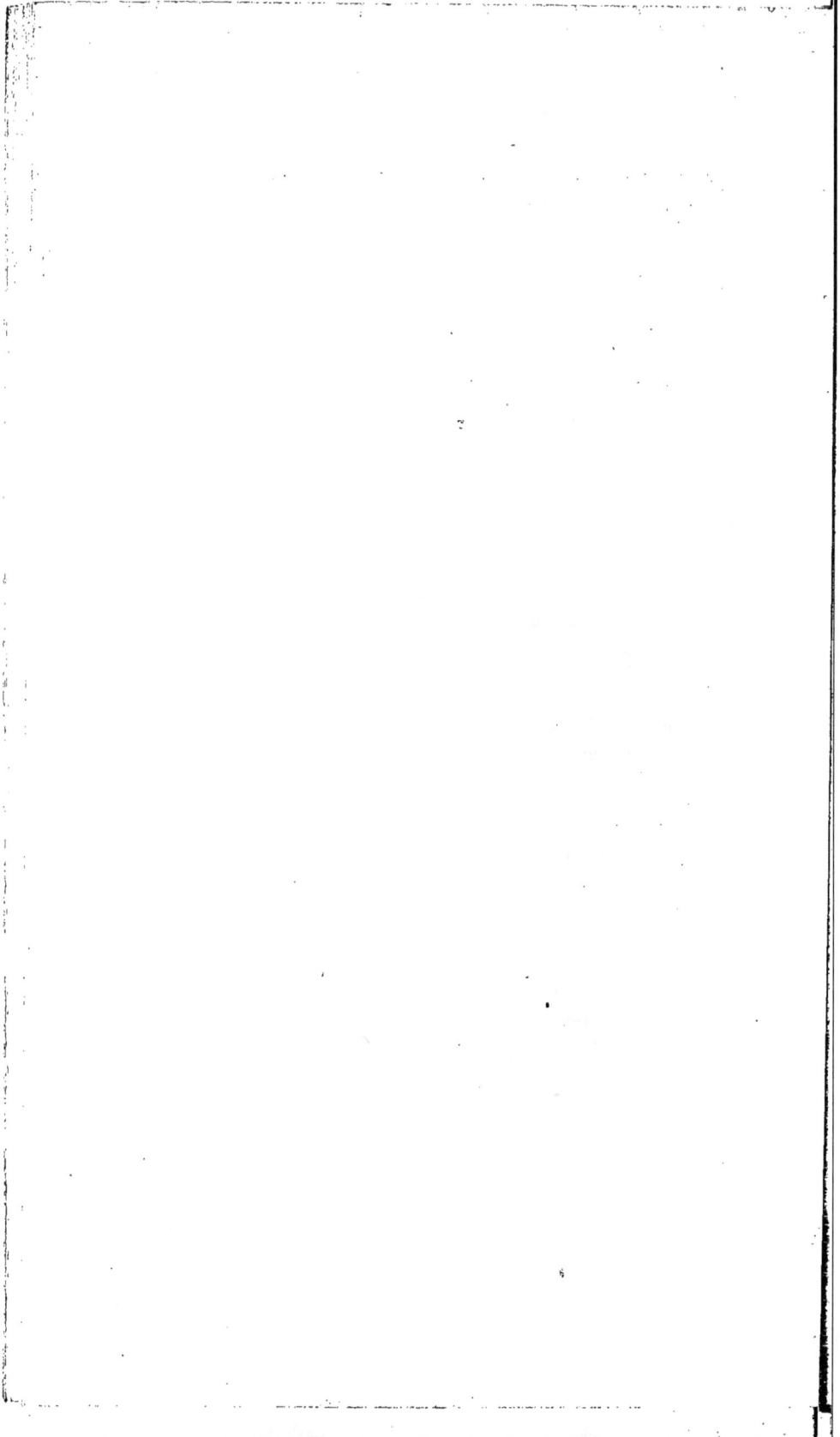

our m.rvivante en 1856. P.D.C.

(sans postérité

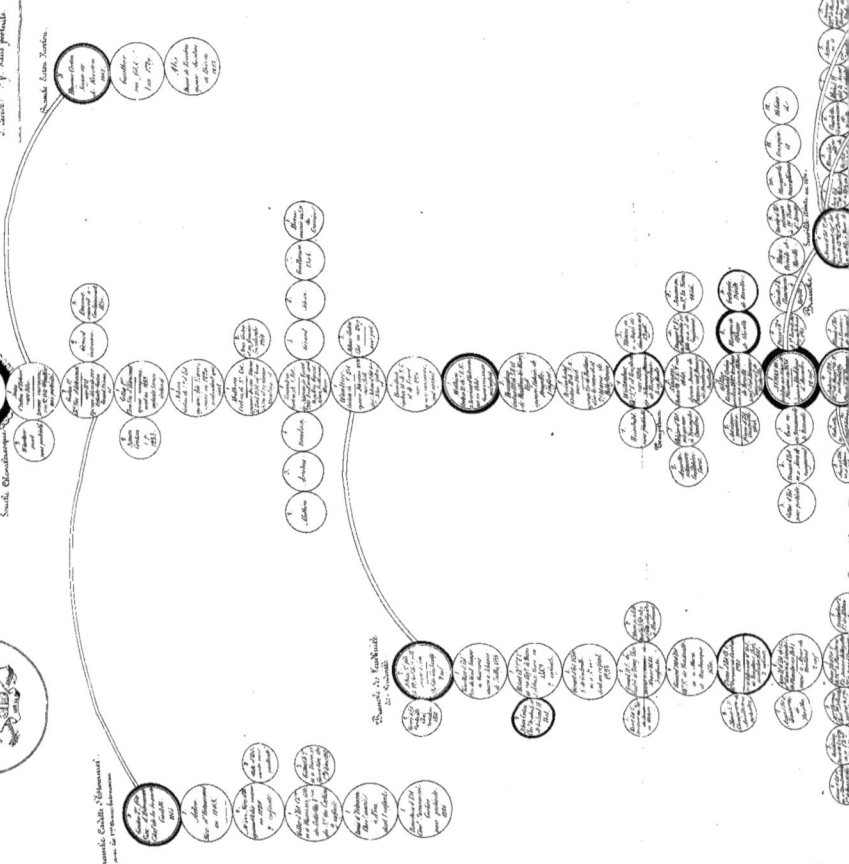

www.ingramcontent.com/pod-product-compliance
Lightning Source LLC
Chambersburg PA
CBHW060603100426

42744CB00008B/1294